出願人のための
ブラジル特許制度

青和特許法律事務所
ブラジル特許制度研究会 編

発明推進協会

はじめに

　ブラジルは、ラテンアメリカ諸国の中では知的財産の保護を最も積極的に行ってきた国であり、知的財産関連の条約や協定にも早期に加入しています。例えば、パリ条約には発効と同時の1884年7月7日に加入しており、特許協力条約（PCT）、国際特許分類に関するストラスブール協定及び世界知的所有権機関（WIPO）設立条約には日本より早く加入しています。

　しかし、ブラジルは地理的に日本から遠く、ポルトガル語が公用語であるため英語による情報量は少なく、ブラジルの特許制度に関し入手できる情報は限られています。また、特許を始め産業財産に関する権利及び義務を定めた産業財産法及び規則は英語で入手することはできますが、実際にブラジル特許を取得するためには産業財産法及び規則に明確に規定されていない手続上の知識も必要となります。

　このような状況の下、本書「出願人のためのブラジル特許制度」は、ブラジル特許制度の基本的事項に加え、実際にブラジルで特許を取得する場合に出願人が求める詳細な情報を具体的、かつ、わかり易く提供することを目指して作成したものです。

　今後ブラジル市場において優位性を確保するためには、特許制度をはじめとする最新の知的財産情報をいち早く入手し、有効な知的財産戦略をたててゆくことが重要になります。そのために本書が少しでもお役に立つことを願っております。

　末筆ではありますが、本書の出版に際しては発明推進協会出版チームの方々から多大な御尽力を賜りましたことに深く感謝申し上げます。

2016年5月

青和特許法律事務所　所長　青木　篤

本書執筆に対する御協力のお礼

　本書の執筆に際しては、ブラジル産業財産庁の審査官から特許規則、審査ガイドライン等の情報を提供していただきました。さらに、条文を解釈する上で不明な点及び実務上重要な事項であるが明文化されていない事項について質問状を出し、実務に精通した審査官及び方式審査の担当者から丁寧な回答をいただきました。

　また、下記のブラジルの代理人の方々からも、当方の質問状に対して丁寧な回答をいただき、出願人の立場から見た有用な情報を提供していただき、アドバイスをしてくださいました。

　ここに深く感謝申し上げます。

■ご協力いただいた現地代理人の方々
・Mr. Gabriel Di Blasi：Managing Partner, Di Blasi, Parente & Associates（Rio de Janeiro）
・Mr. Bruno Lopes Holffinger：Partner, DANNEMANN SIEMSEN ADVOGADOS（Rio de Janeiro）

青和特許法律事務所
ブラジル特許制度研究会

ACKNOWLEDGMENTS

We would like to take this opportunity to express our sincere appreciation to INPI, the National Institute of Industrial Property of Brazil, examiners of which graciously cooperated with us in relation to various practical matters, especially regarding patent examination practice at INPI.

Also, we would like to extend our gratitude to our colleagues in Brazil, excellent patent professionals, Mr. Gabriel Di Blasi, Managing Partner, Di Blasi, Parente & Associates, Rio de Janeiro, and Mr. Bruno Lopez Holffinger, Partner, DANNEMANN SEIMSEN ADVOGADOS, Rio de Janeiro, who kindly and patiently provided us with invaluable advice with regard to the Brazilian patent system, in response to our repeated inquiries. In particular, Mr. Di Blasi provided us with an English translation of the Normative Instructions, which was very helpful and informative to us in order to complete this book.

Again, we respectfully tender our special acknowledgments to our Brazilian colleagues and their generous assistance in this matter.

SEIWA PATENT & LAW

Study Group for Brazilian Patent System

SHIMOMICHI Teruhisa

HIRATA Manabu

HIROSE Shigeki

NAKAMURA Kazumi

TAHARA Masahiro

KONOUE Masaharu

〔序Ⅰ〕 本書が準拠した法令等

本書は、以下の法令等に基づき作成しました。

1．ブラジル産業財産法*

法律第9279号（1996年5月14日公布）

（Industrial Property Law – Law No. 9279 of May 14, 1996）

➲産業財産の保護に関する基本法であり、発明、実用新案だけでなく、意匠、商標の保護、並びに虚偽の地理的表示及び不正競争の防止について規定しています。

〈産業財産法に規定されたブラジル特許に関する規定〉

ブラジル産業財産法は、特許だけでなく意匠、商標等、産業財産権全体の保護に関する法律であり、特許に関しては「第1編　特許」に規定されています。

また、特許権侵害、審判等の規定は、産業財産権共通の規定として、「第5編　産業財産権の侵害」、「第7編　総則」等に設けられています。

2．ブラジル特許規則**

下記の2つの "INPI Normative Instruction" は、ブラジル産業財産法の規定のうち、発明特許、実用新案特許及び追加特許証の取得に関する詳細な手続について規定しています。これらの規則は、旧規則が廃止され、新たな規則として2013年に発効しました。

(1) INPI Normative Instruction No. 030/2013（略称：規則（NI30））

(2) INPI Normative Instruction No. 031/2013（略称：規則（NI31））

本書では、上記 "INPI Normative Instruction" を「ブラジル特許規則」と記載します。

3．補正に関するガイドライン

"Resolution No. 093/2013" は、ブラジル産業財産法の規定のうち第32条に規定された補正に関し、詳細なガイドラインを示したものです。

----

*ブラジル産業財産法について

原文はポルトガル語であるため、ブラジル産業財産庁（INPI）のホームページに掲載された英文翻訳に基づき原稿を作成しました。また、重要な条文の一部は英文翻訳を和訳し、各章の本文に掲載しました。なお、和文翻訳の作成に際し、特許庁ホームページに掲載された和文翻訳を参考にしました。

法律第9279号は、その後法律第10196号により一部改正されましたが、改正箇所は本書の記述と関連する内容ではないため引用されていません。

**ブラジル特許規則について

規則（NI30）は、特許出願の明細書の記載様式等に関する規定を定めています。

規則（NI31）は、特許出願の方式等に関する規定を定めています。

なお、旧特許規則（Normative Act No. 127/97, March 5, 1997）は廃止されました。しかし、旧特許規則に規定されている事項で、現行特許規則に規定されていない事項のうち、実務上参考になると思われる事項を「NA○.○」として記載しました。

〔序Ⅱ〕 本書で使用する略称

〔官庁、機関、書類名の略称〕

・INPI：ブラジル産業財産庁

    （ポルトガル語）Instituto Nacional da Propriedade Industrial

    （英語）National Institute of Industrial Property

・IPジャーナル：INPI産業財産ジャーナル

    （ポルトガル語）Revista da Propriedade Industrial

    （英語）Industrial Property Journal

・ANVISA：国家衛生監督庁

    （ポルトガル語）Agência Nacional de Vigilância Sanitária

    （英語）Brazilian Health Surveillance Agency

　本書では、ポルトガル語に基づく略称を用いる場合に、略称の基となったポルトガル語による表記を記載しました。

〔条文等表記の略称〕

・ブラジル産業財産法　第○条……………………………第○条

・ブラジル特許規則（No. 030/2013）○条 …………規則（NI30）○条

    （No. 031/2013）○条 …………規則（NI31）○条

・旧ブラジル特許規則○.○ ………………………………NA○.○

・補正に関するガイドライン（Resolution No. 093/2013）Part ○.○.

    …………………………………………………………RE Part ○.○.

・特許協力条約第○条………………………………………PCT第○条

・特許許力条約規則○.○ …………………………………PCT規則○.○

・日本特許法第○条…………………………………………日本特許法第○条

〔序Ⅲ〕用語の説明

1．棚上げ（Shelving）とは

　産業財産法には、日本特許法等にはない「棚上げ（Shelving）」なる用語が含まれています。この用語の意味は取下げ（Withdrawal）とほぼ同じですが、「棚上げ（Shelving）」と「最終的棚上げ（Definitive Shelving）」の2つの段階を有している点で異なります。

　例えば、特許法第33条に「特許出願の審査は、出願人又は利害関係人により、出願日から36月以内に請求されなければならず、請求されなかった場合、出願は「棚上げされる。」と規定され、補項に、「特許出願は、棚上げされた日から60日以内に、出願人が特定の手数料を納付して請求すれば回復することができ、請求しなかった場合、出願は「最終的に棚上げされる。」と規定されています。

　「棚上げ」は、期限徒過やINPIの求めに対して応答しなかった場合等にINPI側が行う対応で、その後所定の手続をとれば回復できる場合があります。そして、必要な手続をとらなかったときには「最終的に棚上げ」となり、回復できません。

〈棚上げ（Shelving）に関連する用語〉

最終的棚上げ（Definitive Shelving）

　回復できない棚上げです。

放棄（Abandon）

　棚上げ（Shelving）と同じ意味で使われますが、棚上げはINPIの対応であり、放棄は出願人の対応です。

2．非公式翻訳（Unofficial Translation）とは

　認証等がされていない翻訳を、本書では「非公式翻訳」と表記しました。

〔序Ⅳ〕産業財産ジャーナルの役割とRPIコード

産業財産ジャーナルについて

　産業財産ジャーナルはブラジル知的財産庁の公報です。ポルトガル語の名称は「Revista da Propriedade Industrial」で、略称は「RPI」です。

　しかし、本書では、略称として「IPジャーナル」と表記しています。

1．IPジャーナルの役割

　IPジャーナルは、産業財産法に基づきブラジル産業財産庁（INPI）が公告等を行う公報であり、出願公開のように一定の期間経過後に特許出願を公開するだけでなく、出願人等に対する通知も多くの場合IPジャーナルに掲載し、個々の当事者への通知に代えています。

　そのため、出願人等は常にIPジャーナルをウオッチングし、応答期限を徒過しないようにしなければなりません。産業財産法第226条には、INPIによる行為のうち、特定の場合を除いて、IPジャーナルに掲載された日が応答期間等の起算日となることを規定しています。

■INPIの要求等に応答する期間の起点となる時

第226条

　産業財産に関する行政手続のINPIによる行為は、公的手段による伝達に係る公告からのみ効力を有する。ただし、以下の場合を除く。

（1）本法の規定により、明らかに通知又は公告に拠らないINPIの行為

（2）行政上の決定であって、通知が郵便又はその他の手段によって当該手続の関係当事者に通知されているもの

（3）手続の当事者が知る必要がない庁の内部意見及び公文書

2．RPIコードについて

　例えば、日本特許庁は、拒絶理由通知等を出願人等に直接送付して通知しています。しかし、INPIは、多くの場合、出願人等に送付せず、IPジャーナルに掲載することによって出願人等への通知に代えています。

　IPジャーナルに掲載される通知には、通知の種類毎にコードが付されており、このコードを「RPIコード」と称しています。

　例えば、出願公開には「RPIコード3.1」が付され、PCT国際出願がブラジルの国内段階に移行した旨の通知には「RPIコード1.3」が付されます。

　また、特許性に関する拒絶理由通知は、「RPIコード7.1」としてIPジャーナルに出願番号、出願日、出願人名、代理人名が掲載されます。

　出願人（又は代理人）は、常時IPジャーナルをウオッチングし、担当の案件があるかどうかチェックし、掲載されていればINPIから拒絶理由通知を入手します。そして当該IPジャーナルの発行日から90日以内に応答しなければなりません。主なRPIコードを以下に紹介します。

主なRPIコード

RPIコード	RPIコードの意味
1.1	ブラジルに国内移行手続をしたPCT国際出願の国際公開番号
1.3	PCT国際出願の国内移行
2.1	出願〔願番付与〕
2.4	分割出願
2.5	方式補正要求
2.6	公開取消
3.1	出願公開
3.2	早期公開
6.1	補正命令（技術的審査）
6.6	対応特許出願の審査結果提出等要求
6.7	その他の要求
6.9	公開取消
6.1	再公開
7.1	拒絶理由通知（特許性に関する否定的見解）
8.5	年次手数料要求
8.6	年次手数料不納による出願棚上げ
8.7	出願回復
9.1	特許付与決定
9.2	拒絶決定
10.1	出願放棄
11.1	審査請求がなかったことによる出願棚上げ
11.1.1	審査請求も回復請求もなかったことによる出願の最終的棚上げ
11.2	補正要求不応答による出願の最終的棚上げ
11.4	特許付与手数料不納による出願の最終的棚上げ
11.5	方式不備未解決による出願の最終的棚上げ
11.6	委任状不提出による出願の最終的棚上げ
12.2	拒絶決定に対する不服申立て
12.3	棚上げに対する不服申立て
15.9	優先権証明書不提出による優先権失効
15.11	分類変更
16.1	特許付与
19.1	裁判所の判決
21.1	特許権存続期間満了
24.4	回復された特許権
25.1	特許権の移転
25.4	名義変更
25.7	法人住所変更

〔序Ⅴ〕 主なINIDコード

　Internationally agreed Numbers for the Identification of Data（国際的に合意された書誌的事項の識別番号）の略です。公開特許公報、特許公報等の特許文献は種々の言語で公開されていますが、これら特許文献のフロント頁に掲載されたデータを言語に関係なく識別できるように設けられた2桁の数字のコードです。

　主なINIDコードは以下のとおりです。

- （11）特許番号
- （21）出願番号
- （22）出願日
- （30）パリ条約に基づく優先権のデータ
- （43）出願公開日
- （45）特許／追加発明証の付与日
- （51）国際特許分類
- （52）国内分類
- （54）発明の名称
- （57）要約
- （61）追加発明証の場合の原出願の出願番号と出願日
- （62）分割出願の場合の原出願の出願番号と出願日
- （66）国内優先権主張を伴う出願の場合の先の出願の出願番号と出願日
- （71）出願人名
- （72）発明者名
- （73）権利者名
- （74）代理人名
- （81）指定国
- （85）国内段階移行日
- （86）国際出願番号・国際出願日・国際出願の言語
- （87）国際公開番号・国際公開日・国際公開の言語

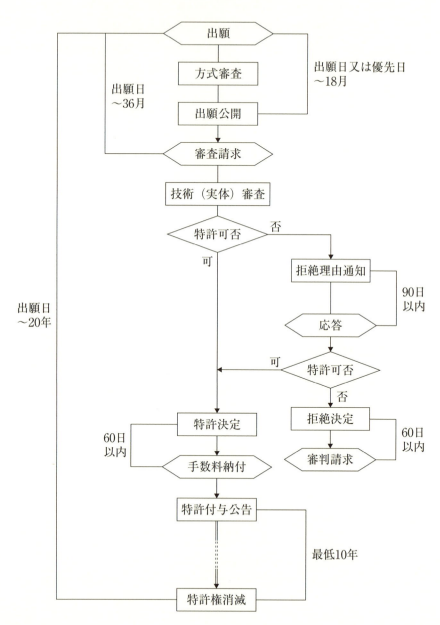

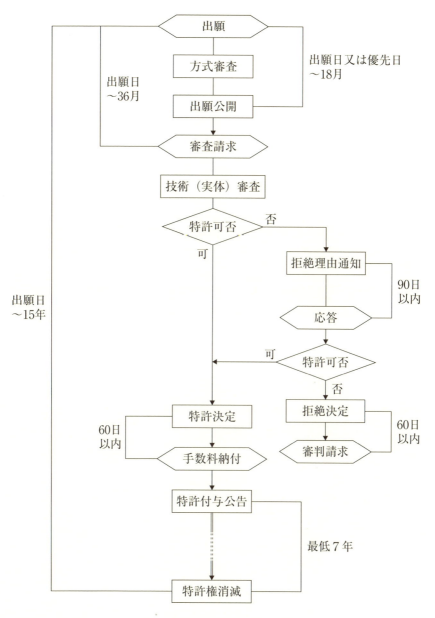

目　　次

はじめに

本書執筆に対する御協力のお礼…………………………………… ii

　〔序Ⅰ〕本書が準拠した法令等 ……………………………… iv

　〔序Ⅱ〕本書で使用する略称 ………………………………… vi

　〔序Ⅲ〕用語の説明 …………………………………………… vii

　〔序Ⅳ〕産業財産ジャーナルの役割とRPIコード ………… viii

　〔序Ⅴ〕主なINIDコード …………………………………… xi

第1章　ブラジル産業財産法とブラジル特許制度……………… 3

　1．ブラジル産業財産法とは………………………………… 3

　2．ブラジル特許制度に関する法令………………………… 4

　3．ブラジルが加入している産業財産関連条約及び協定… 6

　4．ブラジルが加入している特許関連条約の概要………… 7

第2章　ブラジル特許制度の特徴………………………………… 13

　1．特許の対象は発明及び実用新案である………………… 13

　2．発明又は実用新案とみなされないもの………………… 13

　3．特許を受けることができない発明及び実用新案……… 14

　4．特許出願の言語と出願日認定の要件…………………… 15

　5．先願主義を採用…………………………………………… 15

　6．新規性喪失の例外規定あり……………………………… 15

　7．出願公開制度あり………………………………………… 16

　8．審査請求制度を採用……………………………………… 16

　9．国内優先権制度あり……………………………………… 16

　10．特許の無効手続制度あり………………………………… 17

　11．追加発明証制度あり……………………………………… 17

第3章　ブラジル特許出願 ……………………………………21

1．特許出願の書類 ……………………………………………21

2．出願日認定の要件と特許出願の言語 ……………………22

3．委任状及び譲渡証の提出 …………………………………23

4．生物材料に関する寄託 ……………………………………24

5．アミノ酸配列リストの提出 ………………………………25

6．手数料の納付 ………………………………………………25

7．特許出願件数の推移 ………………………………………26

第4章　優先権 ……………………………………………………31

1．優先権に関する規定 ………………………………………31

2．パリ条約による優先権主張 ………………………………33

3．パリ条約による優先権を主張したブラジル特許出願 ……34

4．WTO-TRIPS協定による優先権（WTO優先権） ………37

5．国内優先権主張 ……………………………………………38

第5章　ブラジル特許出願の明細書、請求の範囲、図面及び要約の作成 ………43

1．明細書 ………………………………………………………43

2．請求の範囲 …………………………………………………45

3．図面 …………………………………………………………47

4．要約 …………………………………………………………47

5．発明の単一性の要件 ………………………………………48

第6章　出願公開と情報提供 ……………………………………51

1．出願公開の時期 ……………………………………………51

2．公開の言語及び内容と形式 ………………………………52

3．IPジャーナルに掲載される出願公開の形態 ……………53

4．情報提供と審査の開始 ……………………………………55

5．補償請求権 …………………………………………………55

第7章　審査請求と技術審査（実体審査） ……………………59

1．審査請求 ……………………………………………………59

2．優先審査 ……………………………………………………61

xv

3．技術審査（実体審査）……………………………………………62

　　4．拒絶理由……………………………………………………………66

第8章　特許要件……………………………………………………………73

　　1．技術水準と新規性…………………………………………………73

　　2．みなし技術水準と新規性…………………………………………75

　　3．進歩性………………………………………………………………78

　　4．産業上の利用可能性………………………………………………80

　　5．先後願………………………………………………………………80

　　6．記載要件……………………………………………………………80

第9章　特定技術分野の特許適格性………………………………………83

　　1．コンピュータ関連発明……………………………………………84

　　2．生物関連発明………………………………………………………85

　　3．医薬発明……………………………………………………………88

　　4．特許審査におけるINPIとANVISAとの関係　……………………91

　　5．外科的技術及び方法、治療又は診断方法………………………94

　　6．補正…………………………………………………………………94

　　7．生物多様性条約……………………………………………………95

第10章　新規性喪失の例外…………………………………………………99

　　1．新規性喪失の例外規定の適用を受けるための要件……………99

　　2．新規性喪失の例外規定の適用を受けることができない場合……101

　　3．審査における発明の新規性喪失の例外規定の適用……………104

　　4．新規性喪失の例外規定の適用を受けるための手続……………104

第11章　補正………………………………………………………………109

　　1．補正できる範囲と時期……………………………………………109

　　2．許可されない補正…………………………………………………112

　　3．一群の請求の範囲が第32条の規定に反する場合の対応………113

第12章　分割出願…………………………………………………………117

　　1．分割出願の要件……………………………………………………117

　　2．分割出願できる時期………………………………………………118

3．分割出願する際に留意すべきこと……………………………………… 119

　4．分割出願の手続………………………………………………………… 120

　5．分割出願の審査請求期限……………………………………………… 120

　6．分割出願がされたときのINPIの対応　……………………………… 121

　7．審査官が職権により分割を求める場合……………………………… 121

　8．分割出願の補正………………………………………………………… 121

　9．原出願及び分割出願における第32条（補正の制限）の適用………… 122

第13章　PCT国際出願によるブラジル特許の取得　………………………… 131

　1．国際出願から国内段階移行までの手続（国際段階）の流れ………… 133

　2．PCT国際段階の手続の詳細　………………………………………… 134

　3．ブラジルの国内段階への移行手続の詳細（その1）………………… 138

　4．ブラジルの国内段階への移行手続の詳細（その2）………………… 144

　5．ブラジルの国内段階に移行後の手続………………………………… 147

第14章　審判……………………………………………………………………… 155

　1．審判請求の時期………………………………………………………… 155

　2．審判請求に必要な書面………………………………………………… 156

　3．審判請求の審理………………………………………………………… 156

　4．審判の結論……………………………………………………………… 157

　5．特許の付与……………………………………………………………… 157

　6．審判請求の対象………………………………………………………… 158

第15章　特許権…………………………………………………………………… 163

　1．特許の付与と存続期間………………………………………………… 163

　2．特許権の効力と制限…………………………………………………… 164

　3．特許権の譲渡及び登録………………………………………………… 167

第16章　ライセンス……………………………………………………………… 171

　1．任意ライセンス………………………………………………………… 171

　2．実施許諾用意…………………………………………………………… 173

　3．強制ライセンス………………………………………………………… 176

xvii

第17章　特許の無効手続……………………………………………… 183

　1．ブラジルにおける無効手続の概要……………………………… 183

　2．行政上の無効手続（無効審判）………………………………… 184

　3．司法上の無効手続（無効訴訟）………………………………… 187

第18章　特許権の侵害…………………………………………………… 193

　1．ブラジルにおける産業財産権侵害に係る規定の概要………… 193

　2．ブラジルにおける特許権侵害の規定…………………………… 194

　3．民事上の救済……………………………………………………… 196

　4．刑事上の救済……………………………………………………… 197

　5．非侵害の抗弁……………………………………………………… 197

　6．特許製品の並行輸入……………………………………………… 198

資　　料

　〔資料1〕ブラジル特許取得手続の流れ（パリルート）………………… 203

　〔資料2〕ブラジル特許取得手続の流れ（PCTルート）　……………… 214

　〔資料3〕ブラジル産業財産法抜粋（INPIによる英訳）　……………… 224

　〔資料4〕ブラジル産業財産法　特許規則（英訳）……………………… 261

　　〔A〕INPI Normative Instruction No. 030/2013（略称：規則（NI30））… 261

　　〔B〕INPI Normative Instruction No. 031/2013（略称：規則（NI31））… 275

・**索引（条文索引、事項索引）**

・**参考文献**

・**著者略歴**

第1章
ブラジル産業財産法とブラジル特許制度

　ブラジル産業財産法は、特許だけでなく、意匠、商標、地理的表示等、産業財産に関する権利、義務を定めており、発明、実用新案、意匠及び商標の保護並びに虚偽の地理的表示及び不正競争防止について規定しています。

　ブラジル特許制度に関する法令は産業財産法の「第1編　特許」（第6～93条）に規定されており、発明及び実用新案の保護に関する規定が含まれています。

　一方、産業財産法は産業財産全般の保護に関する法令であるため、特許侵害、審判、代理人等に関する規定は、対象が特許だけでなく、意匠、商標等も含めた共通規定に定められています。

第1章

ブラジル産業財産法とブラジル特許制度

1．ブラジル産業財産法とは

(1) ブラジル産業財産法による保護の範囲

　ブラジル産業財産法は、産業財産に関する権利及び義務を定めており、産業財産権は、

 (a) 発明特許及び実用新案特許の付与

 (b) 工業意匠登録の付与

 (c) 商標登録の付与

 (d) 虚偽の地理的表示の防止

 (e) 不正競争の防止

によって保護されます（第1条、2条）。

(2) ブラジル産業財産法の構成

　ブラジル産業財産法は、

 第1編 特許

 第2編 意匠

 第3編 標章

 第4編 地理的表示

 第5編 産業財産権の侵害

 第6編 技術移転及びフランチャイズ

 第7編 総則

からなり、発明、実用新案、意匠及び商標の保護、並びに虚偽の地理的表示及び
不正競争の防止について規定しています。

２．ブラジル特許制度に関する法令

　ブラジルにおいて特許制度に関する法令は産業財産法の「第１編　特許」に規
定されており、発明及び実用新案は「発明特許」及び「実用新案特許」の付与に
よって保護されます（第２条）。
　また、ブラジル産業財産法のうち、発明特許、実用新案特許及び追加発明証に
係る手続の詳細については、ブラジル特許規則に規定されています。

（1）ブラジル産業財産法「第１編　特許」の構成
　「第１編　特許」は以下の章より構成されています。条文番号はブラジル産業
財産法の条文番号です。
〈「第１編　特許」の構成〉
第１章　所有権（第６〜７条）
第２章　特許性（第８〜18条）
第３章　特許出願（第19〜37条）
第４章　特許の付与及び存続期間（第38〜40条）
第５章　特許によって付与される保護（第41〜45条）
第６章　特許の無効（第46〜57条）
第７章　譲渡及び記録（第58〜60条）
第８章　ライセンス（第61〜74条）
第９章　国防上の利害に係わる特許（第75条）
第10章　追加発明証（第76〜77条）
第11章　特許の消滅（第78〜83条）
第12章　年次手数料（第84〜86条）
第13章　回復（第87条）
第14章　従業者又は役務提供者が創出した発明及び実用新案（第88〜93条）

4

第1章　ブラジル産業財産法とブラジル特許制度

(2) 産業財産法における共通規定

産業財産法は、特許に関しては「第1編　特許」に規定していますが、特許だけでなく意匠、商標等、産業財産権全般の保護に関する法令です。

そのため、産業財産権の侵害、審判、期間等に関する規則は共通規定に設けられています。

〈共通規定に設けられた特許に関連する主な規定〉

(a) 侵害：第5編　産業財産権の侵害、「**第1章　特許侵害**」（第183～186条）

(b) 審判：第7編　総則「**第1章　審判**」（第212～215条）

(c) 代理人・委任状：第7編　総則「**第2章　当事者による手続**」（第216～220条）

(d) 期間：第7編　総則「**第3章　期限**」（第221～224条）

(e) 出訴期限：第7編　総則「**第4章　出訴期限**」（第225条）

(3) ブラジル特許規則の構成

ブラジル特許規則は、発明特許、実用新案特許及び追加発明証に関する手続の詳細を定めたもので、1996年5月14日公布の産業財産法第9279号（Industrial Property Law – Law No. 9279 of May 14, 1996）の規定を説明し満たすための手続きが規定されています。

現在、特許に関する規定として以下の2つの規則があります。

(a) **特許規則30／13（NORMATIVE INSTRUCTION 030/2013）**

この規則は、明細書、請求の範囲等の様式等を規定しており、以下の章から構成されています。

第1章　発明特許出願の要件

第2章　実用新案特許出願の要件

第3章　特許の記述に関する一般的要件

第4章　分割出願

第5章　追加発明証

第6章　一般規定

⇒本書では、特許規則30／13を「**規則（NI30）**」と略称で表記します。

5

(b) 特許規則31／13（NORMATIVE INSTRUCTION 031/2013）

この規則は、特許出願の方式等を規定しており、以下の章から構成されています。

第1章　特許出願の提出

第2章　所有権

第3章　グレース・ピリオド

第4章　優先権

第5章　特許出願の要件

第6章　追加発明証

第7章　分割出願

第8章　特許出願に関する一般的要件

第9章　一般規定

⇒本書では、特許規則31／13を「**規則（NI31）**」と略称で表記します。

3．ブラジルが加入している産業財産関連条約及び協定

　ブラジルは産業財産に関する以下の条約及び協定に加入しており、ブラジル産業財産法は、これらの条約及び協定の締約国の国民及び居住者に適用されます。

(1) WIPOが管理している産業財産関連条約及び協定

① 工業所有権の保護に関するパリ条約（1883年成立）、

② 虚偽又は誤認を生じさせる原産地表示の表示に関するマドリッド協定（1891年締結）

③ 世界知的所有権機関（WIPO）設立条約（1967年成立）

④ 特許協力条約（PCT）（1970年採択）

⑤ 国際特許分類に関するストラスブール協定（1971年締結）

⑥ オリンピック・シンボルの保護に関するナイロビ条約（1981年採択）

(2) その他の機関及び条約への加入

⑦ 植物新品種の保護に関する条約（UPOV）（1961年採択）

第1章　ブラジル産業財産法とブラジル特許制度

⑧　国際連合（UN）（1945年国際連合憲章に基づき発足）

⑨　世界貿易機関設立条約（WTO）（1964年採択）

4．ブラジルが加入している特許関連条約の概要

　ブラジルが加入している産業財産関連条約及び協定のうち、特許・実用新案に関連する条約及び協定の概要を以下に紹介します。

（1）工業所有権の保護に関するパリ条約（1883年成立）

　工業所有権の保護に関するパリ条約[1]（通称「パリ条約」）は、工業所有権の保護に関する基本条約です。この条約は1883年3月20日に成立し、翌年1884年7月7日に発効しました。ブラジルは発効と同時の1884年7月7日に加入しており、日本は1899年7月15日に加入しています。

　この条約はその後、世界の工業所有権制度を改善するため改正会議を開催し、改正条約を逐次採択してきています。最新の条約は1976年に採択されたストックホルム改正条約であり、発効から130余年を経た現在（2016年3月現在）も工業所有権の基本条約として重要な位置を占めています。

　現在、この条約は国連の専門機関である世界知的所有権機関（WIPO）で管理されており、国連の加盟国のみがこの条約に加入することができます。

（2）世界知的所有権機関（WIPO）設立条約（1967年成立）

　世界知的所有権機関（略称WIPO[2]）設立条約は、1967年7月14日にストックホルムで署名され、1970年4月26日に発効し、発効に伴ってWIPOが設立されました。ブラジルは1974年12月にこの条約に加入し、日本は1975年1月に批准しています。

1．パリ条約：正式英語名は "Paris Convention for the Protection of Industrial Property"
2．世界知的所有権機関設立条約：正式英語名は "Convention Establishing the World Intellectual Property Organization"
　（WIPOの正式フランス語名は "OMPI：Organisation Mondiale de la Propriete Intellectuelle"）

7

WIPOは世界における工業所有権の保護に関し中心的役割を担っている国際機関で、1974年に国連の専門機関になりました。

WIPOの前身は、「工業所有権の保護に関するパリ条約」（1883年成立）に基づく工業所有権保護同盟及び「文学及び芸術作品の保護に関するベルヌ条約」（1886年成立）に基づく同盟の国際事務局が統合され、1893年に設立された「知的所有権保護合同国際事務局（通称BIRPI）」であり、1970年にWIPO設立条約によってWIPOとなりました。

(3) 特許協力条約（PCT）（1970年採択）

特許協力条約[3]（略称「PCT」）は、1970年にワシントンで採択され、1978年1月24日に発効しました。

PCTは、パリ条約第19条の「特別取極」であり、パリ条約の加盟国のみがPCTに加入できます。ブラジルは1978年4月10日に、日本は1978年10月1日にそれぞれ加入発効しています。

この条約は、出願人が複数の国において特許を取得したい場合に、特許の取得を簡易かつ経済的なものにするための出願手続の統一に関する条約であり、出願人の負担を軽減すると同時に各国特許庁の重複作業による負担を軽減することを意図して設けられたものです。

(4) 国際特許分類に関するストラスブール協定（1971年締結）

ストラスブール協定[4]は、公開特許公報、特許公報、実用新案公報等の特許文献に開示された全ての技術分野を、統一した国際特許分類（IPC）によって分類するための協定です。

この協定は、1971年3月にパリ条約第19条の「特別取極」として締結され、1975年10月に発効しました。ブラジルは発効と同時の1975年10月7日に加入し、日本は1977年8月18日に加入しています。

3．特許協力条約：英語名は "Patent Cooperation Treaty"
4．国際特許分類に関するストラスブール協定：正式英語名称は "Strasbourg Agreement Concerning the International Patent Classification"

IPCは、技術分野が8つのセクションに分けられ、これらのセクションは合計7万の項目に分けられています。分類記号は、［H01S 1／00］のように、セクション（A〜H）、クラス（2桁数字：01）、サブクラス（大文字アルファベット：S）、グループ（1／00）、及びサブグループ（1／02）により構成されています。

(5) 世界貿易機関設立協定（WTO）（1994年調印）

1994年（平成6年）4月15日にモロッコのマラケシュにおいて「世界貿易機関を設立するマラケシュ協定」（略称「WTO協定」[5]）が調印され、1995年1月1日に発効しました。ブラジルと日本は共に本協定の発効と同時の1995年1月1日に加入しています。なお、この協定は国連とは関係なく、従って国連の加盟国でなくても、国又は台湾等の独立の関税地域であれば加入することができます。

協定には、当該協定と不可分一体のものとして全メンバーを拘束する附属書が含まれており、附属書1Cに「知的所有権の貿易関連側面に関する協定」（略称「TRIPS協定」[6]）が設けられています。

TRIPS協定第2条(1)には、WTOのメンバー[7]は、パリ条約の実体規定（第1〜第12条、第19条）を遵守すると規定されており、パリ条約の三大原則等パリ条約の実体規定がWTOのメンバーの国民等にも適用されます。

(参考) 特許手続上の微生物の国際承認に関するブタペスト条約 (1977年締結)

ブラジルは未加入ですが、実質的にこの条約の規定を利用しています[8]。

1977年にブタペストで締結されたパリ条約第19条の「特別取極」であり、1980

---

5. 世界貿易機関設立協定（WTO協定）：正式英語名は "Marrakesh Agreement Establishing the World Trade Organization"
6. TRIPS協定：正式英語名は "Agreement on Trade‐Related Aspects of Intellectual Property Rights"
7. WTO協定には、国だけでなく台湾等の独立の関税地域であれば加入できるため、WTOの「メンバー国」とせず、単に「メンバー」としました。
8. ブラジル特許法第24条補項には、生物材料を書面によって開示できない場合は、認可された国際協定で指示された機関にその材料を寄託することによって補充しなければならないと規定されています。

年8月19日に発効し、日本は同日に加入発効しています。
　ブタペスト条約は、微生物に係る発明において当該微生物を書面によって十分に開示し特定することは困難であるため、当該微生物を国際寄託機関に寄託することにより、ブタペスト条約の締約国における特許手続きを有効とするものです。

ブラジル産業財産庁（INPI）正面

第 2 章

ブラジル特許制度の特徴

　特許の対象は発明及び実用新案で、それぞれ「発明特許」及び「実用新案特許」の付与によって保護されます。
　先願主義、出願公開制度及び審査請求制度を採用しており、さらに国内優先権制度、新規喪失の例外規定を有しています。
　特許の無効手続（無効審判）制度はありますが、異議申立制度はありません。ただし、無効手続は、日本の異議申立と同様、特許付与後6月以内に請求しなければなりません。
　新規性喪失の例外規定に関し、当該規定が適用されるのは、日本の場合は出願日前6月以内に行われた開示ですが、ブラジルの場合は、出願日前又は優先日前12月以内に行われた開示である点が異なります。
　なお、特許に関する規定は、別段の定めがない限り発明特許及び実用新案特許の両方に適用されます。

第2章

ブラジル特許制度の特徴

1．特許の対象は発明及び実用新案である

（1）特許の対象と特許となる要件

　特許の対象は発明及び実用新案であり、発明特許出願及び実用新案特許出願について技術（実体）審査が行なわれ、それぞれ「発明特許」及び「実用新案特許」として保護されます。

（2）特許を受けることができる発明及び実用新案

［**発明**］　特許を受けるためには、新規性、進歩性及び産業上の利用可能性の要件を満たす発明でなければなりません（第8条）。

［**実用新案**］　特許を受けるためには、実用物品又はその一部であって、それが産業上の利用可能性を有し、その使用又は製造における機能的改良をもたらす新規の形態又は構造を有し、かつ、進歩性を有する実用新案でなければなりません（第9条）。

2．発明又は実用新案とみなされないもの

　以下のものは発明又は実用新案とみなされません（第10条）。

① 発見、科学の理論及び数学の方法

② 純粋に抽象的な概念

③ 商業、会計、金融、教育、広告、くじ及び検査の仕組み、計画、原理又

は方法

④　文学、建築、美術及び科学の作品、又は審美的創作

⑤　コンピュータ・プログラムそれ自体（詳細は、「第9章　1．コンピュータ関連発明」参照）

⑥　情報の提供

⑦　遊戯の規則

⑧　人間又は動物の体に適用する手術又は外科的技術、及び治療又は診断の方法

⑨　自然の生物の一部又は全部、及び自然又はそこから分離された、自然の生物のゲノム又は生殖細胞質を含む生物材料、及び自然の生物学的方法（詳細は、「第9章　2．生物関連発明」参照）

3．特許を受けることができない発明及び実用新案

　新規性、進歩性及び産業上の利用可能性の要件を満たしていても、次に掲げるものは特許を受けることができません（第18条）。

①　道徳、善良の風俗並びに公共の安全、秩序及び衛生に反するもの。

②　原子核変換から生じるすべての種類の物質、材料、混合物、元素又は製品、及びその物理化学的属性の変更並びにそれらの取得又は変更のための方法。

③　生物の全体又は一部分。ただし、第8条に規定した特許を受けるための三要件、すなわち、新規性、進歩性及び産業上の利用可能性の要件を満たし、かつ、単なる発見ではない遺伝子組み換え微生物を除く。

⇒遺伝子組み換え微生物とは、植物又は動物の全体又は一部を除いた有機体であって、その遺伝子構成への直接の人的介入により、通常自然の状態では到達し得ない特性を示しているものをいいます（第18条補項）。

14

第2章　ブラジル特許制度の特徴

４．特許出願の言語と出願日認定の要件

　特許出願は願書、明細書、請求の範囲、図面及び要約を含み、すべてポルトガル語で作成されていなければなりません。

　上記方式要件を満たしていない場合でも、ポルトガル語による請求の範囲又は明細書に加えて出願人及び発明者に関するデータを含んでいれば、30日以内にすべての要件を満たすことを条件に、当該出願は当初の特許出願の日に受理されたものとみなされます。

　特許出願をポルトガル語以外の外国語で作成して出願することができますが、請求の範囲又は明細書に加えて出願人及び発明者に関するデータはポルトガル語で作成されていなければなりません。そして、当該出願が提出された日から30日以内に、すでにポルトガル語で提出した書類以外のすべての書類についてポルトガル語による翻訳文を提出すれば、当初の特許出願の日に受理されたものとみなされます（規則（NI31）３条）。

５．先願主義を採用

　先願主義を採用しており、二以上の者が互いに独立して同一の発明又は実用新案を創作した場合、発明又は創作の日に関わらず、最先の出願日を証明した者が特許を受ける権利を与えられます（第7条）。

６．新規性喪失の例外規定あり

　特許出願に係る発明が出願前に開示された場合でも、当該開示の形態に関わらず、**当該開示が出願日前又は優先日前12月（グレース・ピリオド）以内に行われ**た場合には、当該開示は技術水準とみなされず、これによって特許出願に係る発明（実用新案）は新規性を喪失しません（第12条）（詳細は「第10章　新規性喪失の例外」参照）。

15

ただし、新規性を喪失しない開示は以下に掲げる場合に限られます。

(a) 発明者による開示

(b) INPIによってされた、発明者の同意を得ることなくなされた特許出願の公開等による開示[1]

(c) 第三者による開示であって、発明者から直接もしくは間接に取得した情報に基づき又は発明者が行った行為の結果としてなされた開示。

7. 出願公開制度あり

特許出願は、出願日、又は優先権を主張している場合は最先の優先日、から18月経過後に公開されます。ただし、国防上の利害に係る特許出願の場合は公開されません（第30条、第75条）。

8. 審査請求制度を採用

審査請求は出願日から36月以内にしなければならず、審査請求がされなかった特許出願は棚上げされます。審査請求は出願人又は他の利害関係人がすることができます（第33条）。

なお、出願が棚上げされてから60日以内に出願人が回復の請求をし、所定の手数料を納付した場合は回復させることができます。回復手続をしなかった場合は、出願は最終的に棚上げされます（第33条補項）（「棚上げ」については「序Ⅲ」参照）。

9. 国内優先権制度あり

先のブラジル特許出願を基礎として後のブラジルの特許出願において優先権を

---

1. INPIによってされた、発明者の同意を得ることなくなされた特許出願の公開による開示」とは、優先日又は出願日から18月経過後にIPジャーナルに掲載される出願公開等による開示を指します。

16

主張することができます（第17条）。

　国内優先権はパリ条約による優先権と異なる優先権であり、出願国は同じブラジルであって、優先権主張の条件及び効果については、ブラジルの国内法令の規定が適用されます。

10. 特許の無効手続制度あり

　無効手続には、INPIにおいて行う「行政上の無効手続（Administrative Nullity Action）」（無効審判）と、ブラジル連邦裁判所において行う「司法上の無効手続（Nullity Trial）」（無効訴訟）の2通りの方法があります（第50条、56条）。

　両者の最大の相違点は、無効を請求できる期間であり、行政上の無効手続（無効審判）は特許付与後6月以内に請求しなければなりませんが、司法上の無効手続（無効訴訟）は特許の存続期間中はいつでも請求することができます。

　無効理由については、産業財産法の規定する要件に違反して付与された特許は無効であると包括的に規定されており、いわゆる後発的無効理由については、条文上の規定は設けられていません（第46条）。

　無効請求は請求項毎に行うことができ、一部無効の請求をすることができます（第47条）（詳細は「第17章　特許の無効手続」参照）。

11. 追加発明証制度あり

　発明特許の出願人又は特許権者は、進歩性が欠如していても、手数料を納付して発明の主題に加えられた改良又は進展を保護するため、追加発明証を請求することができます。ただし、その発明が元の発明と同一の発明概念を有することを条件とします（第76条本文）。

　追加発明証出願は、主題が元の発明と同一の発明概念でない場合は拒絶されます（第76条(3)）。

　追加発明証は発明特許の付属物であり、発明特許と同一の存続期間を有し、全ての法的効力において発明特許に付属します（第77条）。

17

追加発明証出願の手続に関し、出願公開（第30条）、情報提供（第31条）、補正（第32条）、審査請求（第33条）、対応特許出願に係る先行技術調査結果等の提供（第34条）、調査報告及び見解書の作成（第35条）、見解書に対する意見書の提出（第36条）、追加発明証出願の承認及び拒絶（第37条）、の規定は発明特許出願と同様に適用されます。

出願人は、審判請求できる期間内に、手数料を支払うことにより、追加発明証出願の出願日を維持し、追加発明証出願を特許出願に変更請求することができます（第76条(4)）。

第3章
ブラジル特許出願

　特許出願を行う際には、願書、明細書、請求の範囲、図面の文言及び要約書をすべてポルトガル語で作成し提出する必要があります。この要件が満たされていれば、特許出願の提出日が出願日とみなされます。

　特許出願をポルトガル語以外の外国語で行うこともできます。ただし、請求の範囲又は明細書に加えて出願人及び発明者に関するデータはポルトガル語で作成しなければならず、所定期間内に、すでにポルトガル語で提出した書類以外のすべての書類についてポルトガル語の翻訳文を提出する必要があります。

第3章

ブラジル特許出願

1. 特許出願の書類

(1) 出願を構成する書類

　特許出願をする際に出願人はポルトガル語で作成された以下の書類をINPIに提出します（第19条、規則（NI31）2条）。

■**特許出願に必須の書類**

　以下の書類は特許出願をする際に提出しなければなりません。

　　① 願書
　　② 明細書
　　③ 請求の範囲
　　④ 図面（必要な場合のみ、ただし、実用新案特許出願では必須）
　　⑤ 要約書
　　⑥ 出願手数料の納付証

　上記書類のうち、図面については、発明特許出願の場合、発明の内容を説明するために用いないときには提出する必要はありませんが、実用新案特許出願の場合には必須です。

(2) 特定の場合に特許出願と共に提出しなければならない書類

　以下の書類は、代理人を選任している場合や優先権を主張している場合等、特定の場合に提出しなければなりません。

　　⑦ 委任状又は包括委任状

⑧　優先権書類

⑨　寄託された微生物等の生物材料に関する書類

⑩　所定の様式でのヌクレオチド又はアミノ酸配列リスト

２．出願日認定の要件と特許出願の言語

（1）出願日認定の要件

　特許出願は願書、明細書、請求の範囲、図面及び要約書を含み、すべてポルトガル語で作成されていなければなりません（規則（NI31）２条）。

　特許出願されると予備審査（方式審査）が行われ、上記要件が満たされていれば特許出願の提出日が出願日とみなされます（第19条、20条）。

　上記方式要件を満たしていない場合でも、ポルトガル語による請求の範囲又は明細書に加えて出願人及び発明者に関するデータを含んでいれば、INPIは当該出願の出願番号等をIPジャーナルに掲載し（RPIコード2.1）、掲載された日から30日以内にすべての要件を満たすよう要求します（第21条、規則（NI31）３条）（「RPIコード」については「序Ⅳ」参照）。

　要件が満たされたときは、当該出願は当初の特許出願の日に受理されたものとみなされます（第21条、第21条補項、規則（NI31）５条、６条）。

　しかし、30日以内に要件が満たされなかった場合には、特許出願は返却され又は棚上げされ、出願番号は取消されます（第21条、規則（NI31）７条）（「棚上げ」については「序Ⅲ」参照）。

〈出願日認定の方式上の要件〉

　ポルトガル語による、以下の書類等

　　①　請求の範囲又は明細書

　　②　出願人及び発明者に関するデータ

■出願日認定の要件

> **第21条**
>
> 　出願が第19条の方式要件を満たしていないが、主題、出願人及び発明者に関

するデータを含んでいる場合、30日以内に要件を満たすという日付入りの受領証と引き換えにINPIに提出することができ、要件が満たされなかった場合、出願書類は返却され又は棚上げされる。

(補項) 要件が満たされたとき、当該出願は受領の日にされたものと見なされる。

(2) 特許出願の言語

特許出願は原則的にポルトガル語で行いますが、ポルトガル語以外の外国語で行うこともできます。ただし、その場合でも請求の範囲又は明細書に加えて出願人及び発明者に関するデータはポルトガル語で作成しなければなりません（規則（NI31）3条）。

つまり、請求の範囲及び明細書のうちのいずれか一方をポルトガル語で作成し、提出する必要があります。

この場合、当該出願の出願番号等がIPジャーナルに掲載された日から30日以内に、すでにポルトガルで提出した書類以外の外国語で作成されたすべての書類についてポルトガル語による非公式の翻訳文を提出すれば、当該出願は当初の特許出願の日に受理されたものとみなされます（規則（NI31）3条補項）。

なお、旧ブラジル特許規則では、上記外国語は、英語、フランス語、ドイツ語、スペイン語等のラテン・アルファベットの言語に限定されていたため、明細書等を日本語で作成してブラジルに特許出願することはできませんでした（NA4.3.1）。

しかし、現在の規則では「ラテン・アルファベットの言語」という制約が外れたため、ブラジルに早急に特許出願しなければならない場合、例えば、出願人と発明者に関するデータに加え、請求の範囲をポルトガル語で作成して提出すれば、明細書等その他の書類を日本語で提出することができます。

3．委任状及び譲渡証の提出

(1) 委任状の提出

ブラジル産業財産法に規定される行為は、当事者又は正当な資格を有する代理

人が行う必要があります（第216条）。

　当事者が自ら出願を行わない場合には、通知又は要求の有無にかかわらず、当事者が最初に手続をした日から60日以内に代理人の委任状を提出しなければなりません。提出しなかったときは、その手続は棚上げされ、特許出願は最終的に棚上げされます（第216条(2)）。

　また、海外に住所を有する者は、正当な資格及びブラジルに住所を有する代理人を指名しかつ、永続的に維持する必要があり、代理人に召喚の受諾を含め、行政手続及び司法手続に関して本人を代理する権限を与えなければなりません（第217条）。

〈委任状〉

　委任状の原本、謄本又は認証謄本はポルトガル語でなければなりませんが、領事認証又は公証人認証は要求されません（第216条(2)）。

（2）譲渡証の提出

　優先権を生じさせた書類がブラジルでの出願人と異なる者に属している場合、ブラジルでの出願日より前に署名された対応譲渡証の写し若しくは譲渡陳述書又はそれに相当する書類が提出されなければなりません（規則（NI31）13条）。

　また出願人が発明者の使用者又は契約者である特許出願の場合は、出願権及び優先権は譲渡されたものと推定されます。ただし、当該関係及び将来の発明の譲渡を証明する書類若しくはそれに相当する書類を提出する必要があります（規則（NI31）13条(2)）。

4．生物材料に関する寄託

（1）生物材料に関する発明の場合

　特許出願の明細書は、当該技術分野の熟練者が実施できる程度に明確かつ十分に記載しなければなりません（第24条）。

　しかし生物材料に関する発明の場合、例えば、微生物等の生物材料自体の発明又は新生物材料の利用に関する発明の場合であって、当該発明の実施に必須な生

物材料について明細書に明確かつ十分に記載できず、かつ公衆が入手できないものである場合には、INPIにより認可され又は国際協定で指定された機関にその材料を寄託することによって明細書を補充しなければなりません（第24条補項）。

■微生物の寄託

　生物材料の寄託は、INPIが認可したブラジル国内の機関に行います。そのような機関がブラジル国内に存在しない場合、出願人は「特許手続上の微生物の寄託の国際的承認に関するブダペスト条約」（通称、ブダペスト条約）によって認められた国際寄託機関に当該微生物を寄託することができます。生物材料の寄託は、特許出願の日までに行なわなければなりません（NA16.1.1）（「ブダペスト条約」については、「第1章4.（参考）」参照）。

　　⇒ブラジルは上記ブダペスト条約には加入していませんが、実質的にこの条約の規定を利用しています（2016年3月現在）。

5．アミノ酸配列リストの提出

　ヌクレオチド又はアミノ酸の配列を記述するすべての特許出願は、明細書、請求の範囲、図面及び要約に加えて、請求の範囲の直後に配列表と称する別個のアイテムを含める必要があります。

　また、明細書、請求の範囲などで配列表に言及する場合には、常に各配列の識別番号によって行う必要があります（NA16.3.1）。

6．手数料の納付

　　　　　　　　　　　　　　　　　　　（2016年3月現在）

・発明特許出願手数料……………………………BRL　175（オンライン）

　　　　　　　　　　　　　　　　　　　BRL　260（紙形式）

・実用新案特許出願手数料………………………BRL　175（オンライン）

　　　　　　　　　　　　　　　　　　　BRL　260（紙形式）

　　⇒BRL＝ブラジル・レアル　1 BRL＝31.5円（2016年3月12日現在）

7．特許出願件数の推移

(1) INPIへの内外人別発明特許出願件数の推移

図1は、INPIへの内外人別発明特許出願件数の推移を示したグラフです。グラフからわかるように、内国人の出願は4,000件台を推移しており、ほぼ一定であるのに対し、外国人の出願は2011年以降増加傾向にあり、2014年には内国出願件数の約5倍となっています。しかし、2014年はわずかに減少しております。

〔図1〕INPIへの内外人別発明特許出願件数の推移

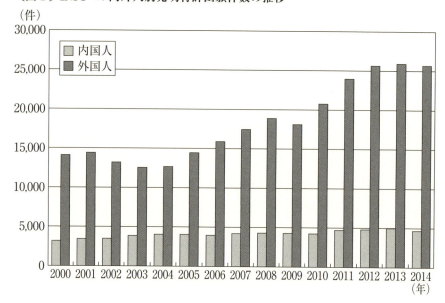

(2) INPIへの内外人別実用新案特許出願件数の推移

図2は、INPIへの内外人別実用新案特許出願件数の推移を示したグラフです。外国人の出願件数が100件前後を推移しているのに対し、内国人の出願件数が、2,500～3,500件と、約30倍の件数を示しています。

しかし、件数は2,500件台を維持しているものの、減少傾向にあります。

〔図2〕INPIへの内外人別実用新案特許出願件数の推移

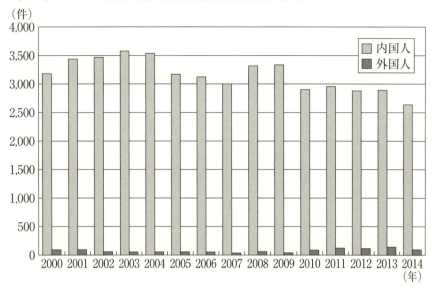

第4章

優先権

　この章では、パリ条約による優先権及びWTO-TRIPS協定による優先権を主張してブラジルに特許出願し、権利を取得する手続について説明します。

　さらに、先のブラジル特許出願を基礎として後のブラジル特許出願において国内優先権を主張し、ブラジルで権利を取得する手続について説明します。

　国内優先権はブラジル産業財産法に規定された制度であり、出願国は同じブラジルであって、優先権主張の条件及び効果についてはブラジルの国内法令の規定が適用されます。

第4章

優先権

　ブラジルはパリ条約の加盟国であるので、出願人は、ブラジル特許出願において、パリ条約の加盟国にした特許出願を基礎に、パリ条約による優先権を主張することができます（略称「パリ優先権」）。

　また、ブラジルは世界貿易機関（WTO：World Trade Organization）のメンバーであるので、パリ条約に加盟していないがWTOのメンバーである台湾の特許出願を基礎に優先権を主張してブラジルに特許出願することができます（略称「WTO優先権」）。

　さらに、ブラジル産業財産法は国内優先権制度を有しているため、先のブラジル特許出願を基礎に国内優先権を主張してブラジル特許出願をすることができます。

1．優先権に関する規定

(1) パリ優先権及びWTO優先権
パリ優先権及びWTO優先権に係る規定は産業財産法第16条に定められています。

第16条　優先権

　ブラジルと協定を結んでいる国又は国際機関にされた特許出願であって、国内出願の効果を有するものは、協定で定められた期間内に優先権を与えられるものとし、当該出願は、前記期間内に生じた出来事によって無効とされず、不利な扱いを受けることはない。

(1) 優先権主張は出願時にされなければないが、ブラジルにおける出願日より前の他の優先権によって60日以内に補充することができる。

31

(2) 優先権主張は、出願番号、出願日、明細書、並びに、該当するときは請求の範囲及び図面を含む適切な書類によって証明しなければならず、当該書類には、出願を識別するデータを含む出願証明書又は同等の書類の非公式翻訳文を添付しなければならない。翻訳文の内容については出願人が全面的に責任を負うものとする。

(3) 出願時に提出しなかった場合、証拠は出願日から180日以内に提出しなければならない。

(4) ブラジルにおいて効力を有する条約に基づきされた国際出願については、上記（2）に規定された翻訳文は、国内段階移行の日から60日の期間内に提出しなければならない。

(5) ブラジルにされた出願が、原出願の書類に完全に記載されている場合、出願人は非公式翻訳文に代え、その旨を陳述することができる。

(2) 国内優先権

国内優先権に係る規定は、産業財産法第17条に定められています。

第17条

最初にブラジルに出願され、優先権主張を伴わず、未だ公開されていない発明特許又は実用新案特許の出願人は、同じ出願人又はその承継人によって1年以内（優先期間）にブラジルに出願された後の出願において同じ主題に関して優先権を有する。

(1) 優先権は、先の出願に開示された主題についてのみ認められ、追加された新規事項に拡張しない。

(2) 係属中の先の出願は、最終的に棚上げされたものと見なされる。

(3) 先の出願の分割出願から生じた特許出願は、優先権主張の基礎とすることはできない。

以下に、パリ優先権の基本的事項、及びパリ優先権及びWTO優先権を主張してブラジルに特許出願する場合の手続について記述します。

さらに、国内優先権の基本的事項、及び国内優先権を主張してブラジルに特許

出願する場合の手続について記述します。

２．パリ条約による優先権主張（第１国出願 ⇒ 第２国出願）

　ブラジルに特許出願する場合、例えば、先の日本の特許出願又は実用新案登録出願を基礎にパリ条約による優先権を主張して出願することができます。

（1）パリ条約の優先権とは

　パリ条約の同盟国において正規に特許出願、意匠若しくは商標の登録出願をした同盟国の国民又は居住者は、同盟国にした最初の出願（第１国出願）に基づいて、当該最初の出願と同一の対象についてその出願日（優先日）から一定の期間（優先期間）内にした他の同盟国（第２国出願）における出願につき、特別の利益（優先権）を享受することができます（パリ条約第４条Ａ）。

〈優先期間〉

　特許出願（実用新案登録出願）…12月

　意匠登録出願………………………6月

　商標登録出願………………………6月

（2）特許出願における優先権主張の効果

　第１国への最初の特許出願の日（優先日）から12月以内に優先権を主張して第２国に特許出願した場合、新規性、進歩性、先後願等の判断に関し、当該第２国への特許出願は第１国特許出願の時（優先日）にされたものとして扱われます。したがって、第２国出願において優先権を主張した発明が優先期間内に公表された場合でも、新規性及び進歩性はこれによって否定されません。また、第２国出願において優先権を主張した発明と同一の発明に係る他者の出願が優先期間内に同じ第２国にされた場合でも、当該出願の後願とされ拒絶されることはありません（パリ条約第４条Ｂ）。

(3) 優先権を生じさせる特許出願とは

同盟国の国内法令による正規の国内出願とされる出願、例えば、日本の特許法に基づく特許出願、及び二国間若しくは多数国間の条約により正規の国内出願とされる出願、PCTに基づく国際出願、ヨーロッパ特許条約に基づくヨーロッパ特許出願、は優先権主張の基礎とすることができます（パリ条約第4条A(2)）。

したがって、日本の特許出願だけでなく、国際出願、ヨーロッパ特許出願を基礎に優先権を主張してブラジルに特許出願をすることができます。

(4) 正規の国内出願とは

結果の如何を問わず、当該国に出願をした日付を確定するために十分な出願であればよく、その後、当該出願が取下げられ、拒絶され、又は無効とされても、出願日を確立する要件を満たした出願であれば優先権主張の基礎とすることができます（パリ条約第4条A(3)）。

したがって、第2国に優先権を主張して特許出願をする時に、当該優先権主張の基礎とされた第1国出願が取下げられていても優先権主張は有効です。

また、米国の仮出願も優先権主張の基礎とすることができます。

3. パリ条約による優先権を主張したブラジル特許出願

図1は、日本の特許出願を基礎にパリ条約による優先権を主張してブラジルに特許出願した場合の図解です。

(1) INPIに直接出願する場合

ブラジル特許出願において、パリ条約の締約国にされた先の国内出願、PCTによる国際出願又はヨーロッパ特許出願等の広域特許出願に基づいて優先権を主張することができます。そのために、以下の手続をする必要があります。

（a）優先権主張の時期

優先権主張は出願時に行わなければなりません。なお、出願から60日以内に、優先権主張を追加することができます。

〔図1〕 パリ条約による優先権を主張したブラジル特許出願
　　　　（第1国日本➡第2国ブラジル）

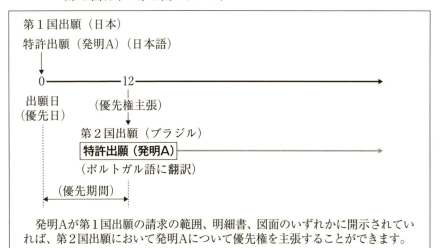

しかし、優先権主張を追加するには、出願時に少なくとも1件の優先権を主張していなければなりません（第16条(1)）。

(b) 優先権の主張と優先権証明書の提出

優先権の主張は、出願番号、出願日、明細書並びに、該当する場合は、請求の範囲及び図面を含む、優先権主張の基礎となった先の出願の認証謄本（以下、「優先権証明書」と記す。）によって証明しなければなりません。

(c) 優先権証明書の提出期限と翻訳文

優先権証明書は、出願日から180日以内に提出しなければならず、当該書類には出願に関する識別情報を含む優先権証明書の非公式翻訳文（認証不要の翻訳文）を添付しなければなりません（第16条(2)、(3)）。

なお、ブラジルの特許出願が、優先権主張の基礎とされた原出願の書類に完全に記載されている場合、出願人は非公式翻訳文に代え、その旨を陳述書に記載して提出することができます（第16条(2)、(5)）。

優先権書類又は陳述書を期限内に提出しなかった場合、優先権は失効します（第16条(7)）。

(d) 優先権主張の譲渡証

優先権を主張した出願の出願人と優先権主張の基礎とされた出願の出願人と異なっており、優先権を主張する権利が優先権を主張した出願人に譲渡されている場合、関係書類を出願日から180日以内に提出しなければなりません（第16条(6)）。

(2) 国際出願してブラジルの国内段階に移行する場合

PCTによる国際出願において、先の国内出願、国際出願、又はヨーロッパ特許出願等の広域特許出願に基づいて優先権を主張することができます。そのために、以下の手続きをする必要があります。

(a) 優先権主張の時期と優先権証明書の提出

優先権の主張は国際出願の時にされており、優先権証明書は国際段階においてすでに提出されております。

(b) 優先権証明書の翻訳文

優先権証明書の非公式翻訳文を国内処理の開始日から60日以内に提出しなければなりません（第16条(4)）。

なお、ブラジルの国内段階に移行した国際出願が、優先権主張の基礎とされた原出願の書類に完全に記載されている場合は、出願人は非公式翻訳文に代え、その旨を陳述書に記載して提出することができます（第16条(2)(5)）。

優先権書類又は陳述書を期限内に提出しなかった場合、優先権は失効します（第16条(7)）。

(c) 優先権主張の譲渡証

優先権を主張した国際出願の出願人と基礎とされた出願の出願人が異なっており、優先権を主張する権利が優先権を主張した出願人に譲渡されている場合、関係書類を国内移行の日から60日以内に提出しなければなりません（第16条(6)）。

第4章　優先権

4．WTO-TRIPS協定による優先権主張（WTO優先権）
（第1国出願 ⇨ 第2国出願）

　WTO-TRIPS協定[1]は、パリ条約の実体規定（第1〜12条、19条）を遵守する義務をWTOのメンバーに課しています（TRIPS協定第2条(1)）。

　そのため、パリ条約の締約国でなくても世界貿易機関（WTO）のメンバーであれば、パリ条約の三大原則（内外人平等、各国特許の独立、優先権）を始めとしてパリ条約の実体規定が適用されます。

　ブラジルはパリ条約の加盟国であり、かつWTOのメンバーです。一方、台湾はパリ条約に加入していませんがWTOのメンバーです。そのため、ブラジルの出願人は、先のブラジルの特許出願に基づき、パリ条約に基づくものと同様に優先権を主張して台湾に出願することができます。また、台湾の出願人も、先の台湾の出願に基づき、パリ条約に基づくものと同様に優先権を主張してブラジルに出願することができます。

　また、日本もパリ条約の加盟国であり、かつWTOのメンバーです。したがって、日本の出願人は先の台湾の出願に基づき、パリ条約に基づくものと同様に優先権を主張してブラジルに出願することができます。

　また、日本及びブラジルの出願人は、パリ条約に加入していない台湾においてされた先の出願に基づき、国際出願においてパリ条約に基づくものと同様に優先権を主張することができます。

○パリ条約、PCT、WTO−TRIPS協定の関係

　パリ条約には国連の加盟国でなければ加入できません。また、PCTはパリ条約の特別取極であり、パリ条約の加盟国でなければ加入できません。

　一方、WTOは国又は独立の関税地域であれば加入することができます。したがって、台湾は独立の関税地域としてWTOに加入していますが、国連の加

1．世界貿易機関（WTO）を設立するマラケシュ協定　附属書1C「知的所有権の貿易関連の側面に関する協定」

37

盟国でないためパリ条約及びPCTに加入することはできません。

　しかし、WTO-TRIPS協定はパリ条約の実体規定（第1～12条、19条）を遵守する義務をWTOのメンバーに課しており、パリ条約に加入していない台湾にもパリ条約の三大原則等が適用されます。

5．国内優先権主張（ブラジルの特許出願（1） $\Longrightarrow$ ブラジルの特許出願（2））

　国内優先権はブラジル産業財産法に規定された制度であり、先のブラジルの特許出願を基礎として後のブラジルの特許出願において優先権を主張できるようにしたものです（第17条）。

　この優先権はパリ条約による優先権と異なる国内優先権であり、出願国は同じブラジルであって優先権主張の条件及び効果についてはブラジルの国内法令の規定が適用されます。

（1）国内優先権主張の条件

　ブラジル特許出願において国内優先権主張の基礎にできるのは、発明特許又は実用新案特許の出願であって、優先権主張を伴わず、最初にブラジルにおいてなされ、公開されていない出願です。なお、先の出願の分割から生じた特許出願を優先権主張の基礎とすることはできません。

　そして、優先権主張の基礎とされた先のブラジル特許出願と同一の出願人又は承継人が、当該先の出願の出願日から1年以内（優先期間）に優先権を主張して特許出願すれば、先の出願に記載された内容について優先権を主張することができます。

（2）国内優先権主張の効果

　国内優先権主張の効果は、パリ条約による優先権主張の効果と同じです。しかし、優先権主張の基礎となった先の特許出願は、優先権を主張した後の特許出願が公開されたときに最終的に棚上げされたものとみなされる点でパリ条約による

優先権の主張と異なります（第17条(2)）。

(3) 国内優先権を主張したブラジル特許出願の手続の流れ（部分優先及び複合優先の場合）

国内優先権主張の場合、パリ条約による優先権主張と異なり出願する国は同じブラジルですので、先の特許出願と同じ発明又は実用新案について後の特許出願をする必要は通常ありません。したがって、後の特許出願において新たな発明又は実用新案を追加するか（部分優先）、先の複数の特許出願を基礎として優先権を主張し、後の特許出願をする形態の優先権主張（複合優先）となります。

［部分優先を主張して特許出願した場合］

図2は部分優先を主張して後の特許出願をした場合を図解したものであり、例えば、発明Aがされた時点で特許出願(1)をし、関連発明Bがされた時点で発明Aに発明Bを加えて特許出願(2)し、特許出願(1)を基礎として国内優先権を主張した場合の手続の流れを示したものです。

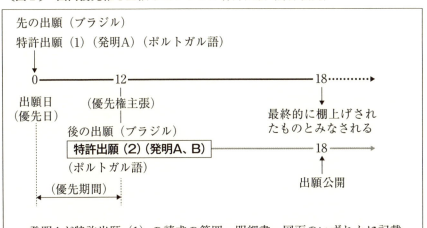

〔図2〕 国内優先権を主張したブラジル特許出願（部分優先）

上記部分優先の場合、特許出願(2)に含まれる発明A、Bのうち、先の特許出願(1)に記載された発明Aについては国内優先権を主張することができますが、発明Bについては国内優先権を主張することはできません。

第 5 章

ブラジル特許出願の明細書、請求の範囲、図面及び要約の作成

　この章では、産業財産法で規定された項目のうち、特許に関する手続の詳細を定めたブラジル特許規則（NI30）及び（NI31）に基づき、明細書、請求の範囲、図面及び要約書の記述方法について詳細に紹介します。また、発明及び実用新案の単一性について記述しました。

第5章

ブラジル特許出願の明細書、請求の範囲、図面及び要約の作成

　ブラジルに特許出願又は実用新案特許出願を行う際には、願書、明細書、請求の範囲、図面（実用新案特許出願の場合には必須）、及び要約書を提出する必要があります。

　本章では、明細書、請求の範囲、図面及び要約書の記述方法等を以下、順に説明します。

1．明細書

（1）明細書の記述

　明細書には出願の対象を当業者が実施可能となる程度に明確、かつ、十分に記載しなければならず、該当する場合はそれを実行するための最善の方法を表示しなければなりません（第24条）。

　なお、出願に係る発明の実施に不可欠な生物材料について、明細書に明確かつ十分に記載することができず、かつ、公衆が入手することができないものである場合、INPIによって認可され又は国際協定に示された機関に、当該材料を寄託することによって補充しなければなりません（第24条補項）。

　生物材料の寄託に関しては、ブタペスト条約について記載した「第4章　4．（参考）」を参照されたい。

（2）明細書の記述方法

　規則には、以下の要領で明細書を作成するよう規定されています（規則(NI30)2条、(NI31)16条）。

43

(a) 発明の名称で開始し、発明の名称を残りの部分に対して強調的に表示する。また、発明の名称には、「新規な」、「最初の」などの無関係又は不必要な表現を使用しないようにする。

(b) 単一の発明又は単一の発明概念を構成し相互に関係する複数の発明に言及する。

(c) 発明が関係する技術分野を特定する。

(d) 当該発明の理解、サーチ及び審査に役立つと思われる従来技術を表示する。そのために、その従来技術が説明されている文書を示し、かつ既存の技術的課題を概説する。

(e) 発明の対象を規定し、既存の技術的課題に対する解決策及び従来技術に対する発明の利点について、明確、簡潔かつ正確に記載する。

(f) 新規性を明確に示し、実現される技術的効果を明らかにする。

(g) 図面をリストアップし、各図について図の種類（透視図、断面図、回路配置、ブロック図、フローチャート、グラフ等）を明確にする。

(h) 図面に含まれる参照符号があれば、当該符号を参照しつつ、当業者が実施可能なように発明を正確、簡潔、十分で一貫性があるように記載し、必要な場合には、発明を従来技術と関係付ける例又は比較表を用いる。

(i) 発明を実施する方法が複数ある場合には、出願時に出願人が知る、より良いものを強調する。

(j) 発明の産業上の利用が発明の記載から明確でない場合には、当該利用について明確に示す。

(k) 明細書の記載は上記（a）～（j）の順に行うものとする。ただし、発明の対象によって別の方法又は別の順に説明することがより良い理解をもたらし簡潔な説明となる場合はこの限りではない。

なお、実用新案特許出願の明細書の記述方法については規則(NI30) 9条に記載されています。実用新案特許出願の明細書の記述方法は、特許出願の場合と概ね同様ですので、主な相違点についてのみ、以下簡単に述べます。

（a）一つのみの主要な実用新案について記載する。ただし、技術機能及び物体

第5章　ブラジル特許出願の明細書、請求の範囲、図面及び要約の作成

の統一性が維持される限りにおいては、主要な実用新案が複数の追加の固有要素もしくは構造的又は構成的変更を含んでもよい。

(b) 複数の変形を含みうる原理のみを単に記載してはならず、そのような原理のみを記載する場合には「好ましい実施形態」及び「例えば」等の表現は認められない。

2．請求の範囲

(1) 請求の範囲の記述

請求の範囲は明細書において具体的にサポートされている必要があり、出願の特色を特徴付け、保護の対象となる主題を明瞭かつ正確に定義するものでなければなりません（第25条）。

また、規則には、以下の要領で請求の範囲を作成するよう規定されています（規則(NI30) 4条）。

(a) 請求の範囲は、発明の名称又は発明の名称の一部で始まるのが望ましい。

(b) 請求の範囲は「……によって特徴付けられる」との表示を含む必要がある。

(c) 請求の範囲によって保護されるべき技術的特徴を明確、正確かつ肯定的表現で記載する。

(d) 請求の範囲は明細書に完全にサポートされている必要がある。

(e) 請求の範囲には「明細書の項目……において説明されているように」とか「図面に示すと同様に」等の表現を使用してはいけない。

(f) 図面が添付される場合に請求の範囲の技術的特徴の理解のために必要と認められるときは、請求の範囲に規定される技術的特徴部分に、図面に示される各参照符号を括弧で囲んで付加しなければならない。ただし、なお、参照符号を記載した場合であっても、そのような参照符号は請求項を限定するものと解釈されない。

(g) 各請求項はピリオドで中断されることなしに記載しなければならない。

(h) 対象の利点および単純な使用についての説明的表現は認められない。

45

(2) 独立請求項と多数従属請求項

規則には、独立請求項と多数従属請求項との関係が次のように記載されています（規則（NI30）3条、5条、6条）。

（a）独立請求項及び従属請求項の数は出願の対象を適切に定義するのに十分でなければならない。

（b）複数のカテゴリーを記載する場合には、各カテゴリーについて少なくとも一つの独立請求項を記載しなければならない。

（c）同一の概念によって結ばれた代替的かつ本質的な異なる請求の範囲の場合のみ、一つのカテゴリーにおいて複数の独立請求項を記載することができる。

（d）独立請求項は複数の従属請求項の基礎とすることができる。

（e）従属請求項において「1又は複数の請求項にしたがって」や「先行請求項にしたがって」等の表現は使用できない。ただし、「先行請求項のいずれか一項にしたがって」という表現であれば使用することができる。

（f）複数の請求項に従属する請求項（多数従属請求項）は択一的又は追加的な方式でそれらの請求項を引用する必要があり、択一的であれ追加的であれいずれか一方の形式で記載する。

（g）多数従属請求項を他の多数従属請求項のための基礎とすること（マルチのマルチ）ができ、択一的又は追加的な形式の多数従属請求項を他の多数従属請求項の基礎とすることができる。

しかし、そのためには請求項の従属関係が、その従属性から生じる可能な組み合わせがただちに理解できるように構成されていなければならない。

なお、実用新案特許出願の請求の範囲には、単一の独立請求項しか含められません（規則（NI30）10条）。

従属請求項の数に制限はありませんが、実用新案特許出願における従属請求項の記載は、選択的使用の補助的要素に言及する場合、形状の変形例または独立請求項で規定される構成要素の詳細に言及する場合、及び独立請求項で規定される平面構造等の組合せにより生じた三次元形態に言及する場合のうちのいずれかの場合にのみ認められます（規則（NI30）11条）。

第5章　ブラジル特許出願の明細書、請求の範囲、図面及び要約の作成

さらに、実用新案特許出願の請求の範囲の記述方法については、規則（NI30）13条に記載されています。実用新案特許出願の請求の範囲の記述方法は、特許出願の場合と概ね同様です。ただし、実用新特許出願においては図面の提出が必須であることから、請求項の各要素に括弧付きで参照符号を付す必要があります。なお、特許出願においては、この要件は、図面を含む場合に必要とされます。

3．図面

特許規則には、以下の要領で図面を作成するよう規定されています（規則（NI30）8条、規則（NI31）18条、19条、22条）。

図面は必要な場合にのみ提出すればよいが、実用新案特許出願の場合には必須の書面となります。

また、図面には明細書に示される全ての参照番号を含む必要があります。

さらに、発明を明確にするとともに発明の理解を良くするものである場合には、金属組織構造またはソフトウェアで作成された三次元イメージの写真を提出することができます。

なお、実用新案特許出願の図面にも発明特許出願の場合と同じ規定が適用されます（規則（NI30）14条）。

4．要約

特許規則には、以下の要領で要約を作成するよう規定されています（規則（NI30）7条、規則（NI31）22条、）。

要約は明細書、請求の範囲及び図面の内容を要約したものであり、発明の名称で始める必要があります。発明の名称の部分は残りの部分に対して強調的に表示する必要があります。

また、要約においては、発明が関係する技術分野を特定する必要があります。

さらに、技術的課題、当該発明による課題解決の要点及び当該発明の主要用途が明快に理解できるように記載します。

47

さらに、要約は50語から200語までとし25行を超えないことが望ましいとされています。

なお、実用新案特許出願の要約にも発明特許出願の場合と同じ規定が適用されます（規則(NI30)15条）。

5．発明の単一性の要件

（1）発明の単一性

産業財産法は、発明の単一性について、「発明特許出願は、単一の発明又は単一の発明概念を形成するように相互に連関した一群の発明」でなければならない。」と規定しています（第22条）。

さらに、請求の範囲は、1又は複数のカテゴリー、例えば、製品及びプロセス、方法及び装置、製品・方法並びに装置等、を単一の特許出願に含めてもよいとされています。ただし、複数のカテゴリーの場合、それらは類似の発明概念に関連するものでなければならず、最も実用的な順で述べるものとすると規定されています（規則(NI30) 3 条(Ⅲ)）。

（2）実用新案の単一性

実用新案の単一性について、「実用新案特許出願は、単一の主たる新案に関わるものでなければならず、当該新案には、その対象の技術的、機能的及び材質的単一性が維持されることを条件として、複数の異なる追加要素又は構造的若しくは形態的変異を含めることができる。」と規定しています（第23条）。

第6章

出願公開と情報提供

　ブラジル特許出願は、出願日から、優先権主張を伴う場合には、優先権主張の基礎となった先の出願の出願日（優先日）から、18月経過後に「IPジャーナル」に出願公開されます。
　一方、ブラジルの国内段階に移行した国際出願は、国内移行した旨の通知が「IPジャーナル」に掲載されます。
　公開はポルトガル語でされ、特許出願を特定する事項（書誌事項）、要約及び代表図面が「IPジャーナル」に毎週公開されます。請求の範囲及び明細書は上記ジャーナルには掲載されないため、それらはINPIから別途入手しなければなりません。
　また、特許権者は、「特許出願の公開日」と「特許付与の日」の間に生じた当該特許の対象の不当実施に対して補償を得る権利が与えられます。

第6章

出願公開と情報提供

　ブラジル特許出願は、出願日から、優先権主張を伴う場合には、優先権主張の基礎となった先の出願の出願日（優先日）から18月経過後にIPジャーナル[1]に出願公開されます。

　一方、ブラジルの国内段階に移行した国際出願は、国内移行した旨の通知が「IPジャーナル」に掲載されます（「第13条　5．ブラジルの国内段階に移行後の手続」参照）。

1．出願公開の時期

（1）ブラジルへの直接出願の場合

　特許出願は、ブラジルでの出願日から、優先権主張を伴う場合には、優先権主張の基礎となった先の出願の出願日（優先日）から18月経過後に「IPジャーナル」に出願公開されます。

　ただし、公開前にINPIに係属しなくなった出願、及び最初にブラジルにおいて行われた特許出願であって、対象が国防上の利害に関わる出願は公開されません（第30条本文、第75条本文）。

　なお、早期公開請求制度が認められており、出願人の請求があったときは18月経過前に公開されます（第30条(1)）。

1．「IPジャーナル」については、〔序Ⅳ〕を参照されたい。

■出願公開

> **第30条本文**
>
> 　特許出願は、出願日又は優先日がある場合は最先の優先日から18月の間は秘密にしておくものとし、その後は、第75条に定める事項（国防上の利害に係るもの）の場合を除き、公開される。

(2) 国際出願の場合

　ブラジルの国内段階に移行した日本語による国際出願の場合、国際出願日から、優先権主張を伴う場合には、優先権主張の基礎となった先の出願の出願日（優先日）から18月経過後に国際段階ですでに国際公開されています。

　したがって、ブラジルで再度出願公開されませんが、当該国際出願がブラジルの国内段階に移行した時、その旨がIPジャーナルに掲載されます。

２. 公開の言語及び内容と形式

(1) 公開の言語

　ポルトガル語で公開されます。

(2) 公開の内容

　出願公開は、特許出願を特定するデータ（書誌事項）、請求の範囲、明細書、要約書及び図面の謄本がINPIにおいて公衆の利用に供されます（第30条(2)）。

　出願の対象を実施するために不可欠な生物材料であって、産業財産法の規定に従って明細書に文章で表現をすることができず、かつ公衆が利用可能でない場合、INPIによって認可され又は国際協定で示された機関に当該材料を寄託して明細書を補充しなければならず、当該出願を公開したときは、生物材料が公衆にとって入手できるようにしなければなりません（第30条(3)、24条補項）。

(3) 公開の形式

　特許出願を特定する事項（書誌事項）、発明の名称、要約及び代表図面が毎週

火曜日に発行されるIPジャーナルに公開されます。

しかし、請求の範囲及び明細書は上記ジャーナルには掲載されないため、それらはINPIから別途入手しなければなりません。

3．IPジャーナルに掲載される公開の形態

パリルートでブラジルに特許出願すると、出願日（又は優先日）から18月経過後にIPジャーナルに出願公開されます。

（1）出願公開の形態

図1は、優先権を主張してブラジルに出願した特許出願がIPジャーナルに掲載され、出願公開された形態を示したものです。上部に特許出願を特定する書誌事項、発明の名称及び要約が、下部には代表図面が掲載されています（RPIコード3．1）。

なお、IPジャーナルの発行日が出願公開日となるので、出願ごとに公開日は記載されていません。

（2）書誌事項等の説明（図1）

以下、書誌事項等に付与されたINIDコードに基づき、本件特許出願の概要を説明します（「INIDコード」については「序Ⅴ」参照）。

（21）出願番号（PI 1000952-3 A2）

「PI」は発明に係る特許出願であることを示し、「1000952」はブラジルの出願番号」、「A2」は、本件特許出願が掲載されたIPジャーナルの発行日が2008年11月11日以降であることを示しています。

（22）出願日（21/01/2010）

本件ブラジル特許出願の出願日は2010年1月21日であることを示しています。

（30）優先権データ（20/01/2009 US 12/356,223）

本件ブラジル特許出願は、先の米国特許出願（US 12/356,223）を基礎に優先権を主張しており、優先権主張の基礎とされた当該米国特許出願の出願日（2009年1月20日）が、本件特許出願の優先日となります。

〔図1〕 パリルートによりブラジルに出願した特許出願の公開の形態

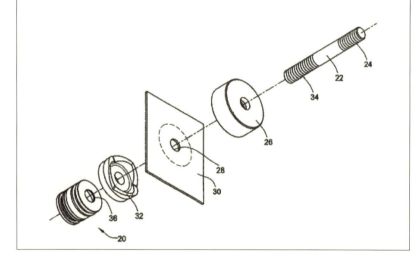

(51) 国際特許分類（B21D 28/36）

　ブラジル特許出願の技術分野は、回転し得る被加工物・工具保持具を用いるものであることを示しています。

(54) 発明の名称(ノックアウトパンチを駆動するためのクランプアセンブリー)

(57) 要約（略）

(71) 出願人名（略）

第6章　出願公開と情報提供

(72)　発明者名（略）

(74)　代理人名（略）

４．情報提供と審査の開始

（1）情報提供

　出願公開から審査終了までの期間、利害関係人は審査に役立つ書類又はデータをINPIに提出することができます（第31条）。

　情報提供できるのは利害関係人であって、匿名による情報の提供は認められません。情報提供する書類又はデータとしては、サーチレポート、非特許文献、新規性欠如の証拠等です。

（2）公開に伴う審査の開始

　審査は、情報提供によって先行技術文献等が得られる機会を待って開始するため、出願公開から60日が経過するまでは開始されません（第31条補項）。

■情報提供できる期間

第31条

　利害関係人は、出願の公開から審査の終了までの間、審査に資する文献及び情報を提供することができる。

（補項）審査は出願の公開から60日が経過するまで開始されない。

５．補償請求権

　特許権者は、「特許出願の公開日」と「特許付与の日」の間に生じた当該特許の対象の不当実施に対して補償を得る権利が与えられます（第44条）。

　なお、ブラジルの国内段階に移行した国際出願の場合、「国内段階移行日」が公開日となります（この日は、RPIコード１.３としてIPジャーナルに掲載されます。）。

　この規定は日本特許法が規定する補償金請求権に類する規定であり、具体的に

55

は次の通りです。

(a) 違反者が、如何なる方法であれ、出願公開前に出願された内容を知得していたときには、当該補償すべき不当実施の期間は、当該実施の開始の日から起算されます（第44条(1)）。

⇒日本特許法の補償金請求権とは異なり警告等は必要とされません。また、悪意であれば出願公開前の実施も補償の対象とされます。

(b) 特許出願の対象が寄託された生物材料に係るものであるときは、補償を得る権利は、当該生物材料を公衆が入手することができるようにされたとき以後に限って認められます（第44条(2)、24条補項）。

(c) 特許付与前の期間に関するものを含めて不当実施に対して補償を得る権利は、特許によって与えられた保護の範囲に限定されます（第44条(3)、41条）。

⇒第41条で規定した特許付与後の侵害行為の成立範囲と一致させ、補償の範囲を不当に拡張するのを防止する規定です。

■補償請求権

第44条柱書

特許権者は、出願公開日から特許付与日までの間に生じた特許の対象の不当実施に対し、補償を得る権利を有する。

第 7 章
審査請求と技術審査（実体審査）

　発明及び実用新案に係る特許出願がされるとINPIにより予備審査（方式審査）が行われ、必要な要件を満たしていれば出願日が与えられます。特許を取得するためには当該特許出願について審査請求し、新規性、進歩性等の特許要件を満たしているか否かについて技術審査（実体審査）を受けなければなりません。

　技術審査が開始されると、INPIは「調査報告」及び「見解書」を作成します。否定的見解に対して、出願人は意見書・補正書等を提出することができます。

　否定的見解が解消されないときは審査が終了し、特許出願を拒絶する旨の決定がされます。拒絶の決定に対して、出願人は60日以内に審判請求することができます。

第7章

審査請求と技術審査（実体審査）

1．審査請求

　発明及び実用新案に係る特許出願がされるとINPIにより予備審査（方式審査）が行われ、必要な要件を満たしていれば出願日が与えられます。

　特許を取得するためには当該特許出願について審査請求し、新規性、進歩性等の特許要件を満たしているか否かについて技術審査（実体審査）を受けなければなりません。

　技術審査は、審査請求がされた時期とは関係なく、特許出願の出願日順に着手されます。

　なお、産業財産法では、実体審査を「技術審査」と規定しているので、以下、技術審査と記述します。

（1）審査請求の期限

　出願人又は他の利害関係人は審査請求をすることができます。審査請求は出願日から36月の期間内にしなければならず、審査請求がされなかった場合、当該特許出願は棚上げされます（第33条）。

　審査請求がされた出願は技術審査の対象になり、新規性、進歩性及び産業上の利用可能性等の特許要件について審査されます。

　なお、審査請求がされずに棚上げされた出願は、審査請求の期限から約3月後に「IPジャーナル」に掲載されます（RPIコード11.1）（「RPIコード」については「序Ⅳ」参照）。

59

⇒棚上げされた特許出願の回復

　　　審査請求が上記期間内にされずに出願が棚上げされた場合であっても、棚上げされた日から60日以内に出願人が所定の手数料を支払って審査請求した場合、特許出願は回復されます。当該手続をしなかった場合には当該特許出願は最終的に棚上げされます（第33条補項）（「棚上げ」については「序Ⅲ」参照）。

■**審査請求**

> **第33条**
>
> 　特許出願の審査は、出願人又は利害関係人により、出願日から36月以内に請求されなければならず、請求されなかった場合、出願は棚上げされる。
>
> **（補項）**　特許出願は、棚上げされた日から60日以内であれば、所定の手数料を納付して回復することができる。請求しなかった場合、出願は最終的に棚上げされる。

（2）審査請求後の手続き

　審査請求後、次に掲げるものを要求されたときは、出願人は60日の期間内に提出しなければなりません。提出しなかったときは、当該出願は棚上げされます（第34条）。

(a) 優先権が主張されている場合、他国における対応出願の承認に係る、異論、先行技術調査及び審査の結果

(b) 出願の処理及び審査を適正に行なうために必要な書類（例えば、米国の発明者の譲渡証、国家植物多様性要素受入の宣言）。

(c) 優先権を主張したブラジル特許出願が原出願国の出願と同一の場合であって、優先権書類の翻訳文に代えてその旨の陳述書を提出した場合は当該陳述書の非公式翻訳文（第34条(Ⅲ)、第16条(2)、(5)）。

⇒審査請求と補正

　　　出願人は、審査請求の時までは、出願当初の開示の範囲内であれば、特許出願を一層明瞭又は明確にするため、明細書、請求の範囲、要約、図面及び配列リストについて補正をすることができます（第32条）。

第 7 章　審査請求と技術審査（実体審査）

　　請求の範囲について言えば、出願当初の開示の範囲内であれば、請求の
　範囲を拡大し、または、発明のカテゴリーを変更する（例えば、製品に係
　る発明を製造方法に係る発明に変更する）こともできます。ただし、審査
　請求後は、補正により請求の範囲を拡大したり、発明のカテゴリーを変更
　することはできません（詳細は「第11章　補正」参照）。

（3）審査請求料

（a）発明特許の場合（2016年 3 月現在）

　　　請求項の数が10以内　　　　　BRL　590

　　　10を超える各請求項　　　　　BRL　100

　　　15を超える各請求項　　　　　BRL　200

　　　30を超える各請求項　　　　　BRL　500

（b）実用新案特許の場合（2016年 3 月現在）

　　BRL　380

　⇒BRL：ブラジル・レアル　 1 BRL＝31.5円（2016年 3 月12日現在）

　（個人、中小企業等に対しては約60％の減額措置があります）

2．優先審査

　特許出願人は、下記に掲げる条件のうちいずれか一つに該当する場合は、優先
審査を請求することができます。

（ⅰ）出願人が60歳以上の個人である場合

（ⅱ）出願の対象が権原なき者によって実施されている場合（侵害の事実に関
　　　する一応の証明及び警告状の写しによって証明）

（ⅲ）特許付与が公的機関から財源を得るための条件である場合（当局又は機
　　　関宛の請求書の写し、財源を充てるための条件が特許の付与であることを
　　　証明する書類の写しを提出）

（ⅳ）特許出願が代替エネルギー、省エネルギー等環境技術に係る発明を対象
　　　とする場合

61

3. 技術審査（実体審査）

(1) 技術審査の開始

　審査請求がされた特許出願は技術審査に付されます。技術審査は、審査請求がされた時期とは関係なく、当該出願の出願日順に着手されます[1]。

　なお、技術審査は、特許出願の出願公開から60日が経過するまでは開始されません。これは、情報提供制度により、第三者が出願公開から審査終了まで審査に役立つ情報をINPIに提供できるため、技術審査着手前に利害関係人が当該出願について情報提供するのに必要な時間を確保することが意図されています（第31条、31条補項）。

(2) 調査報告及び見解書の作成

　技術審査をしたとき、次の事項についてINPIは「調査報告」及び「見解書」を作成します（第35条）。

　(a) 出願の特許性

　　（新規性、進歩性、産業上の利用可能性等に関する事項）

　(b) 請求の範囲に記載された内容に鑑みた出願の妥当性

　　（例えば、発明が「システム」ではなく「方法」の方が妥当である等）

　(c) 出願の再編成又は分割

　　（例えば、審査官は出願人に、「発明特許」から「実用新案特許」に変更するよう、あるいは複数の発明が含まれている場合には分割出願するよう要求する）

　(d) 技術的要件

　　（方式に関する要件、例えば、タイプミスや誤訳の箇所を指摘して補正を求める）

---

1. ブラジルでは急増する特許出願に対して審査官の数が不足しており、審査着手までに要する年数が問題になっています。技術分野によって差はあるものの、7年以上の長期にわたって審査結果待ちの状態が継続することも珍しくありません。

第7章　審査請求と技術審査（実体審査）

⇒調査報告及び見解書は「IPジャーナル」には公開されませんが、INPIの
サイトで"e-Parecer"リンクを介して利用可能です。

〈調査報告及び見解書の内容〉

［**調査報告**］（SEARCH REPORT）

　先行技術文献がリストアップされ、例えば、当該文献が本願発明の新規性又
は進歩性を否定する文献である等の表示がされます。

［**見解書**］（TECHNICAL OPINION）

　出願の実体要件及び方式要件について、審査官の見解が示されます。

・**実体要件**：請求の範囲に記載された発明ごとに新規性、進歩性及び産業上の
　利用可能性等について、審査官の見解が示されます。また、誤記・誤訳につ
　いて指摘され、訂正の指示がされます。

・**方式要件**：例えば、請求の範囲における発明の利点又は動作の説明の記載が
　方式要件に反するとして削除要求がされます。

（3）出願人に意見書等の提出を求める通知（拒絶理由通知）

　INPIは、見解書が特許性について否定的見解を有している場合又は何らかの
「要求」がある場合、出願人に意見書・補正書の提出を求める通知を出します（第
36条）。

　この通知のうち主な通知は、「RPIコード7.1」、「RPIコード6.1」、「RPIコード6.7」
及び「RPIコード6.6」の4種類あり、各通知の内容は以下の通りです。

　（a）**特許性に関する否定的見解（RPIコード7.1）**

　　　新規性、進歩性、産業上の利用可能性等、特許性に関し否定見解を有す
　　る場合に出されます（第36条柱書）。

　（b）**補正要求（RPIコード6.1）**

　　　実体要件に関する補正等を要求する場合に出されます（第36条柱書）。

　　　例えば、独立請求項を前提部分と特徴部分の二部形式（two-part-form）
　　に補正することを要求する又は請求項の従属関係の変更を要求する等。

　（c）**対応特許出願の審査結果等の提出の要求（RPIコード6.6）**

　　　方式に関する通知で、審査官が国際予備審査報告、他国における対応出願

63

の審査結果等の提出を要求する場合に出されます（第34条）。

（d）その他の要求（RPIコード6.7）

審査官が、RPIコード6.1又はRPIコード6.6の通知で記載しなかった他の文献又は方式若しくは技術審査に係る補正を求める場合に出されます（第34条）。

（4）拒絶理由通知に対する応答

（a）意見書・補正書の提出

出願人は特許性に関する否定的見解（RPIコード7.1）及び補正要求（RPIコード6.1）に対して90日以内に意見書・補正書をINPIに提出して応答することができます（第36条柱書）。

［応答しなかった場合］

特許性に関する否定的見解（RPIコード7.1）に対して反論しなかったときは、出願は拒絶決定されます（RPIコード9.2）。この場合、審判請求をすることができます。

補正要求（RPIコード6.1）に対して応答しなかった場合、出願は最終的に棚上げされます。この場合、審判請求をすることはできません（第36条(1)、212条(2)）。

［応答した場合］

特許性に関する否定的見解に対して反論し受け入れられた場合、及び補正要求に対して応答し要件を満たしている場合、特許出願は承認され、そうでない場合には、審査が継続されます（第36条(2)）。

（b）対応特許出願の審査結果等の提出

出願人が、他国における対応出願の審査結果等の提出要求（RPIコード6.6）及びその他の要求（RPIコード6.7）に対して60日以内に応答しなかった場合、特許出願は棚上げされます（第34条）。

第7章　審査請求と技術審査（実体審査）

■拒絶理由通知と出願人の応答

第36条

　見解書が、出願の非特許性、請求の範囲に記載された保護についての出願の不適合性、又は何らかの要求を示すものである場合、出願人は90日の期間内に意見書を提出するよう通知を受ける。

（1）要求に対して応答しない場合、出願は最終的に棚上げされる。

（2）要求に対して応答したが、要求が満たされなかった又はその記述に異論がある場合であっても、及び特許性又は請求の範囲の適合性について意見が提出されたか否かに関わらず、審査は継続される。

■審査の終了と出願の承認または拒絶

第37条

　審査が終了したとき、特許出願の承認又は拒絶の決定がされる。

（5）特許出願を承認する旨の決定

　否定的見解が解消され審査が終了したとき、特許出願を承認する旨の決定がされます（第37条）。

　出願が承認され、関連する手数料の納付証が提出された後、特許証が交付されます。そして、特許を付与する旨がIPジャーナルに掲載され（RPIコード9.1）、掲載された日に特許が付与されたものとみなされます（第38条）。

■特許の付与

第38条

　特許は、出願が承認され、関連する手数料の納付書が提出された後に特許証が発行され付与される。

　（1）（略）

　（2）（略）

　（3）特許は、特許を付与する旨が公告された日に付与されたものとみなされる。

65

（a）手数料の納付

　　手数料の納付及び納付証の提出は、承認から60日の期間内にしなければなりません。しかし、期間内に納付しなかった場合であっても、期限後30日以内であれば手数料を納付することができます。手数料が納付されなかったとき、出願は最終的に棚上げされます（第38条(1)(2)）。

（b）特許証

　　特許証には、特許番号、発明又は考案の名称、発明者の氏名、特許権者の氏名及び住所、権利期間、明細書、請求の範囲、図面、及び優先権に関するデータが含まれます（第39条）。

（6）特許出願を拒絶する旨の決定（RPIコード9.2）と審判請求

　意見書・補正書を提出した場合であっても否定的見解が解消されないとき、審査が終了し、特許出願を拒絶する旨の決定がされます（第37条）。

　　⇒審判請求

　　　拒絶の決定に対して60日以内に審判請求することができます（第212条）。

　　　出願人は審判請求をするときに補正をすることができますが、請求の範囲の限定に限られます（詳細は、「第11章　補正」参照）。

　　　なお、拒絶の決定がなされた後に出願を分割することはできません（詳細は、「第12章　分割出願」参照）。

4．拒絶理由

　ブラジル産業財産法は、日本特許法第49条のように拒絶理由を列挙しておらず、拒絶理由であるか否かは個々の条文から判断しなければなりません。

　そこで、本書では、産業財産法の「第1編　特許」の条文から拒絶理由とされる条文を抜き出し、これらの条文を、〔A〕実体要件と、〔B〕記載要件に分け、さらに2つの要件をそれぞれ、（1）発明特許及び実用新案特許に共通する事項、（2）発明特許のみに適用される事項、及び（3）実用新案特許のみに適用される事項、に分けて表記し、拒絶理由を規定した条文を明確にすると共に、内容別に

66

第 7 章　審査請求と技術審査（実体審査）

分けました。

〔A〕実体要件

（1）発明特許及び実用新案特許に共通する事項

（a）**第10条**：発明又は実用新案の成立要件

以下のものは発明又は実用新案とみなされません。

① 発見、科学の理論及び数学の方法

② 純粋に抽象的な概念

③ 商業、会計、金融、教育、広告、くじ、検査の仕組、計画、原理又は方法

④ 文学、建築、美術及び科学の作品、又は審美的創作

⑤ **コンピュータ・プログラムそれ自体**（詳細は、「第９章　１．コンピュータ関連発明」参照）

⑥ 情報の提供

⑦ 遊戯の規則

⑧ 人間又は動物の体に適用する手術又は外科的技術、及び治療又は診断の方法

⑨ 自然の生物の一部又は全部、及び自然又はそこから分離された、自然の生物のゲノム又は生殖細胞質を含む生物材料、及び自然の生物学的方法（詳細は、「第９章　２．生物関連発明」参照）

（b）**第18条**：発明及び実用新案の主題適格性

新規性、進歩性及び産業上の利用可能性の要件を満たしている発明及び実用新案でも、次に掲げるものは特許を受けることができません。

① 道徳、善良の風俗並びに公共の安全、秩序及び衛生に反するもの。

② 原子核変換から生じるすべての種類の物質、材料、混合物、元素又は製品、びその物理化学的属性の変更並びにそれらの取得又は変更のための方法。

③ 生物の全体又は一部分。ただし、第８条に規定した特許を受けるための３要件、すなわち、新規性、進歩性及び産業上の利用可能性の要件を

67

満たし、かつ、単なる発見ではない遺伝子組み換え微生物を除く。

⇒遺伝子組み換え微生物とは、植物又は動物の全体又は一部を除いた有機体であって、その遺伝子構成への直接の人的介入により、通常自然の状態では到達し得ない特性を示しているものをいいます（第18条補項）。

(2) 発明特許のみに適用される事項

(a) **第8条**：発明特許の要件

発明は、新規性、進歩性及び産業上の利用可能性の要件を満たしていなければ特許を受けることはできません。

(b) **第13条**：発明の進歩性の要件

発明は、技術水準を考慮したときに当業者にとって明白又は自明でないとき、進歩性を有します。

(3) 実用新案特許のみに適用される事項

(a) **第9条**：実用新案特許の要件

実用新案は、実用物品及びその一部が、産業上の利用可能性を有し、使用又は製造における機能的改良をもたらす新規の形態又は構造を有し、かつ、進歩性を有していなければ特許をうけることはできません。

(b) **第14条**：実用新案の進歩性の要件

実用新案は、技術水準を考慮したとき、当業者にとって一般的又は通常でないときは、進歩性を有します。

〔B〕記載要件

(1) 発明特許及び実用新案特許に共通する事項

(a) **第15条**：産業上の利用可能性の要件

発明及び実用新案は、いかなる種類の産業においても、使用又は生産され得る場合は、産業上利用可能であるとみなされます。

(b) **第24条**：明細書の記載要件

明細書には出願の対象を、当業者による複製が可能となる程度に明確かつ

第7章 審査請求と技術審査（実体審査）

十分に記載しなければならず、該当する場合は、それを実行するための最善の方法を表示しなければなりません。

[補項] 出願の対象の実行にとって不可欠である生物材料が、本条に従った記載をすることができず、かつ、公衆が入手することのできないものである場合は、明細書は、その材料を寄託することによって補充しなければなりません。

⇒微生物の寄託に関してはブタペスト条約がありますが、ブラジルは加入していません。しかし、上記規定にありますように、実質的にこの条約の規定を利用しています（詳細は、第1章4．「（参考）特許手続き上の微生物の国際承認に関するブタペスト条約」を参照されたい）。

(c) 第25条：請求の範囲の記載要件

請求の範囲は、明細書の記載に基づくものであって、出願の詳細を特徴付け、保護を求める内容を明瞭かつ正確に定義するものでなければなりません。

(d) 第32条：補正の要件

補正は、出願書類によって最初に開示した内容を超えてはいけません。

(2) 発明特許のみに適用される事項

第22条：発明の単一性の要件

発明特許出願は、単一の発明又は単一の発明概念を形成するように相互に連関した一群の発明に係るものでなければなりません。

(3) 実用新案特許のみに適用される事項

第23条：実用新案の単一性の要件

実用新案特許出願は、単一の主たる考案に係わるものでなければならず、当該考案には、その対象の技術・機能的及び材質的単一性が維持されることを条件として、複数の異なる追加要素又は構造的若しくは形態的変異を含めることができます。

第 8 章
特許要件

　発明特許及び実用新案特許を受けるためには、新規性、進歩性及び産業上の利用可能性の要件を満たさなければなりません。

　新規性の判断は、特許出願に係る発明又は実用新案と、当該特許出願の出願時の技術水準とを対比することによって行われます。技術水準には、「公知技術等」及び「みなし技術水準」があります。

　発明及び実用新案が技術水準の一部でないとき、すなわち、特許出願に係る発明又は実用新案が当該特許出願の出願日又は優先日より前に公衆に知られたもの、及び出願日又は優先日が当該特許出願の出願日又は優先日より前の特許出願に記載されたもの、と同一でないとき、当該発明又は実用新案は新規であるとみなされます。

第8章

特許要件

特許の対象は発明及び実用新案であり、それぞれ「発明特許」及び「実用新案特許」として保護されます。

[**発明**] 特許を受けるためには、新規性、進歩性及び産業上の利用可能性の要件を満たす発明でなければなりません（第8条）。

[**実用新案**] 特許を受けるためには、実用物品又はその一部が、産業上の利用可能性を有し、その使用又は製造における機能的改良をもたらす新規の形態又は構造を有し、かつ進歩性を有する実用新案でなければなりません（第9条）。

1．技術水準と新規性

（1）技術水準

ブラジル産業財産法で規定する技術水準（State of the Art）は、書面又は口述により、使用又はその他の手段により、特許出願日より前にブラジル又は外国において公衆が利用可能となったすべてのものを含みます。すなわち、特許出願日より前に、ブラジル又は外国において公然知られ、公然実施され、刊行物に記載され、又はその他の手段により公衆が利用可能となったもの、言い換えれば、公衆が入手できるようにされたものすべてを含みます（第11条(1)）。

（2）新規性

新規性の判断は、対象となる発明又は実用新案と、出願時の技術水準とを対比することによって行われ、発明又は実用新案が技術水準の一部でないとき、すなわち、特許出願に係る発明又は実用新案が当該特許出願日より前に公衆が利用可

能になったものと同一でないとき、言い換えれば、技術水準に含まれるものと異なっているとき、当該発明又は実用新案は新規であるとみなされます（第11条）。

（3）技術水準の基準日

技術水準の基準日はブラジル特許出願日であり、ブラジルの国内段階に移行したPCTによる国際出願の場合は国際出願日であり、特許出願日又は国際出願日より前に公衆が利用可能となったものは技術水準に含まれます。しかし、以下の場合は基準日が変更されます。

（a）パリ条約等による優先権を主張した場合（第16条）

第1国への最初の特許出願の日（優先日）から12月以内にパリ条約等による優先権を主張して第2国に特許出願又は国際出願した場合、新規性、進歩性、先後願等の判断に関し、当該第2国への特許出願又は国際出願は第1国特許出願の時（優先日）にされたものとして扱われます。

そのため、優先権を主張して第2国としてブラジルに特許出願した場合、及び第2国として国際出願しブラジルの国内段階に移行した場合、これらの出願のブラジルにおける技術水準の基準日は優先日（第1国への最初の特許出願の日）となり、優先日より前に公衆が利用可能となったものが技術水準となります。

（b）国内優先権を主張した場合（第17条）

先のブラジルの特許出願を基礎として後のブラジルの特許出願において国内優先権を主張した場合、新規性、進歩性、先後願等の判断に関し、後のブラジル特許出願は先のブラジル特許出願の時（優先日）にされたものとして扱われます。

したがって、国内優先権を主張した出願の新規性、進歩性等の判断の基準日は優先日となり、優先日より前に公衆が利用可能となったものが技術水準となります。

（4）技術水準の例外

特許出願に係る発明又は実用新案が出願前に発明者等によって開示され、当該

第8章 特許要件

開示が出願日前12月以内又は優先日前12月以内に行われた場合、当該開示の形態に関わらず新規性喪失の例外が適用され、当該開示の内容は技術水準とみなされず、これによって特許出願に係る発明等は新規性を喪失しません（第12条）（詳細は「第10章 新規性喪失の例外」参照）。

２．みなし技術水準と新規性

技術水準には、上記「1.（1）技術水準」で記述したように、出願日又は優先日前に公衆が利用できるようになった、いわゆる「公知技術等」の他に、「みなし技術水準」があります。みなし技術水準は、日本特許法第29条の2で規定する、いわゆる「拡大先願」に対応するものです。

以下に、みなし技術水準について説明します。

（1）みなし技術水準

出願日又は優先日が、審査対象となっているブラジル発明特許出願又は実用新案特許出願（以下「本願」と記す。）の出願日又は優先日より前である他のブラジル発明特許出願又は実用新案特許出願（以下「他の出願」と記す。）の出願当初の明細書、請求の範囲又は図面（以下「当初明細書等」と記す。）に記載された発明又は実用新案（以下「発明等」と記す。）は、当該他の出願が本願出願後に公開されることを条件として技術水準とみなされます。

そのため、本願に係る発明等が他の出願の当初明細書等に記載された発明等と同一である場合、本願発明等は技術水準に含まれるとみなされ、新規性無しとして拒絶されます（第11条(2)）。

なお、本願の発明者又は出願人が他の出願の発明者又は出願人と同じであっても、「みなし技術水準」の規定は適用されます。

（2）みなし技術水準の図解

図1はみなし技術水準を図解したもので、以下のことを示しています。

［他の出願］発明Aが記載された他の特許出願（1）がブラジルに出願され、当

75

該ブラジル特許出願(1)が出願日から18月経過後にINPIによって公開された。

［本願］他のブラジル特許出願（1）の出願日より後であるが公開日より前に、発明Aについてブラジルに本願特許出願（2）をした。

上記の場合、本願ブラジル特許出願（2）の請求の範囲に記載された発明Aは、他のブラジル特許出願(1)に記載されているため技術水準に含まれるとみなされ、新規性が否定されます。

〔図1〕 みなし技術水準の図解

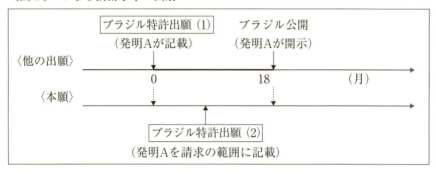

(3) 他の出願がパリ条約等による優先権を主張している場合のみなし技術水準

図2は、他の出願が優先権を主張している場合、他の出願と本願との関係を図解したものです。

図2に示されているように、発明Aが記載された他のブラジル特許出願（1）の出願日は本願ブラジル特許出願（2）より後ですが、ブラジル特許出願（1）は日本の特許出願を基礎に優先権を主張しており、優先日が本願ブラジル特許出願（2）の出願日より前である場合、当該他のブラジル特許出願（1）が後に公開されることを条件として、発明Aは技術水準とみなされます。ただし、優先権主張の基礎となった日本の特許出願及びブラジル特許出願（1）の両方に発明Aが記載されていなければなりません。

その場合、本願ブラジル特許出願（2）の発明Aは技術水準に含まれるとみなされ、新規性が否定されます（第11条(2)）。

〔図2〕 他の出願がパリ条約等による優先権を主張している場合

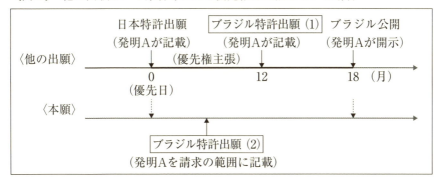

■新規性（みなし技術水準：先願等記載技術）

第11条
　発明及び実用新案は、技術水準に含まれないときは新規であるとみなされる。
(1) 技術水準：公知技術等（略）
(2) 新規性判断のため、ブラジルに出願され、未だ公開されていない出願のすべての内容は、それが後に公開されることを条件として、出願日又は優先権主張日から技術水準であるとみなされる。
(3) 前項の規定は、国内手続きが行われることを条件に、ブラジルにおいて効力を有する条約又は協定に基づいて出願された国際特許出願に適用される。

(4) 他の出願がPCT国際出願の場合のみなし技術水準

　発明Aが記載された他の出願がPCTによる国際出願であって、本願のブラジル特許出願が国際出願日より後であるが国際公開日より前にされた場合、当該国際出願がブラジルの国内段階に移行した場合にのみ、国際出願に記載された発明Aはみなし技術水準となります（第11条(3)）。

〔図3〕 他の出願が国際出願の場合

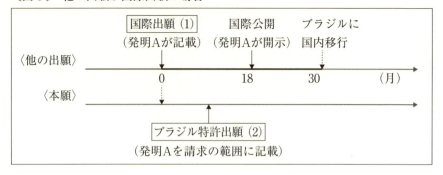

図3は、以下のことを示しています。

[他の出願] 発明Aが記載された他の出願である国際出願が、国際出願日から18月経過後に国際公開され、その後ブラジルの国内段階に移行した。

[本願] 他の出願である国際出願（1）の出願日より後であるが、国際公開日より前に発明Aについて本願ブラジルに特許出願（2）をした。

上記の場合、ブラジル特許出願（2）の請求の範囲に記載された発明Aは、他の出願である国際出願（1）に記載されているため「みなし技術水準」に含まれるとみなされ、新規性が否定されます。

3．進歩性

（1）発明と実用新案の進歩性

産業財産法は「発明の進歩性」及び「実用新案の進歩性」についてそれぞれ次のように規定しています。

(a) **発明の進歩性（Inventive Activity）**

発明は、当該発明の技術分野の技術水準から見て、当業者にとって明白又は自明でないときは、進歩性を有するものとする（第13条）。

(b) **実用新案の進歩性（Inventive Act）**

実用新案は、当該実用新案の技術分野の技術水準から見て、当業者にとってありふれた（common）又は普通（usual）の手段（way）でないときは、

進歩性を有するものとする（第14条）。

〈進歩性の判断と技術水準〉

新規性の判断において「技術水準」及び「みなし技術水準」が共に考慮されます。しかし、進歩性の判断において「技術水準」は考慮されますが、みなし技術水準は公知技術ではないため進歩性の判断材料にはなりません。

したがって、進歩性を否定するために、みなし技術水準を引用することはできません。

（2）進歩性の考え方

（a）発明の進歩性

① 進歩性が否定される例

（ⅰ）公知の性質を有する材料の単なる選択又はその交換

（ⅱ）単なる形状又は割合の変更

（ⅲ）公知の手段の単純な組合せ

② 進歩性が肯定される例

（ⅳ）先行技術に対する比較データが発明の優位性を示している場合

（ⅴ）発明が長年の技術的課題を解決する場合

（ⅵ）発明によって提供される解決手段が当該技術分野における通常の方法とは異なるものであり、当業者が同様の手段を採用しないであろうと認められる場合

（ⅶ）発明の技術的性質と商業的成功との間に関連性が認められる場合

（b）実用新案の進歩性

実用新案は、当該実用新案の技術分野の技術水準から見て、当業者にとってありふれた又は普通の手段でないときは進歩性を有するものとされます。

実用新案に対して要求される進歩性は、発明における進歩性に類似する概念であるものの、技術的にはより低レベルであるとされています。

４．産業上の利用可能性

　発明及び実用新案は、いかなる種類の産業においても使用又は生産され得る場合は産業上利用可能とみなされます（第15条）。

５．先後願

　産業財産法は先願主義を採用しており、２以上の者が互いに独立して同一の発明又は実用新案を創作した場合、発明又は実用新案を創作した日にかかわりなく、最先の出願日を証明した者に特許を受ける権利が与えられます（第７条）。

　また、先の出願が何らの効力も生じることなく取下げられた場合は、その直後の出願が最先の出願日にされたものとみなされます（第７条補項）。

６．記載要件

　（「第５章　ブラジル特許出願の明細書、請求の範囲、図面及び要約の作成」参照）

第9章
特定技術分野の特許適格性

　この章では、コンピュータ関連発明、生物関連発明、医薬発明、外科的技術及び方法、治療又は診断方法の特許適格性について説明します。

　特に医薬発明に関し、第1医薬用途発明、第2医薬用途発明、結晶多形発明、組合せ医薬発明の特許適格性について説明がされています。

　また、医薬発明については、ブラジル特有の特許審査におけるINPIと国家衛生監督庁（ANVISA）との関係が詳細に記述されています。

　なお、本章が対象とする技術分野は、ほとんどが発明特許として保護される分野であるため、発明を対象として記述します。

第9章

特定技術分野の特許適格性

　産業財産法では、コンピュータ・プログラムそれ自体、人体又は動物を治療、診断又は手術する方法、及び全ての自然の生物のゲノム又は生殖質を含めて、それらから分離されたものであるか否かに関わらず、自然の生物及び生物材料の全部又は一部、並びに自然の生物学方法などは、発明又は実用新案とみなされず、特許の対象とされません（第10条（IX））。

　しかし、コンピュータ・プログラムの使用を含むコンピュータ関連発明は、方法又は物の発明としてクレームすることができ、保護対象となります。

　また、医薬用途については複数の主題で特許取得可能であり、これは他のラテンアメリカ諸国と大きく異なる点です。

　上記特定技術分野の特許適格性についての記述は、以下の文献に基づいて作成しました。

(1) コンピュータ関連発明

　「コンピュータ実施発明関連の特許出願審査ガイドライン」（案）

　（http://www.INPI.gov.br/images/stories/Procedimentos_de_Exame.pdf）

(2) 生物関連発明

　2015年3月17日付けの最新版の「バイオテクノロジー分野における特許出願審査基準」（Diretrizes de exame de pedidos de patente na áreas de Biotecnologia Março de 2015）

(3) 医薬発明

　「1994年12月31日以降に出願されたバイオテクノロジー及び医薬分野の出願に適用される審査基準」（Diretrizes para o exame de pedidos de patente nas áreas de Biotecnologia e Farmacêutica depositados após 31/12/1994）

1．コンピュータ関連発明

　コンピュータ・プログラムそれ自体の発明は、ソースコードを指すというのがブラジルでは一般的な理解です。そのため、日本と異なり特許の対象とはならず著作権法により保護されることになります。

（1）コンピュータ関連発明

　コンピュータ・プログラムそれ自体の発明は特許の対象とはなりませんが、コンピュータ・プログラムの使用を含むコンピュータ関連発明は、方法又は物の発明としてクレームすることができ、保護対象となります。

　すなわち、コンピュータによって実行される創作が「技術的特徴」を備えている場合、例えば、画像を表わすデータ、あるプロセスや方法のパラメータ、対照値を表わすデータなど、物理的データに影響を与えるシステムに関するものの場合、あるいは、その発明がコンピュータの動作方法に影響を与える場合には、新規性及び進歩性の要件を満たせば、発明と認められます。

　INPIでは、特にソフトウェアがハードウェアの動作を向上させている場合、あるいは、ある動作がソフトウェアによって初めて可能になっている場合は、ソフトウェアを含むハードウェアからなる「システム」に対して特許を認める傾向があります。

（2）新規性、進歩性

　コンピュータ関連発明の新規性の審査には、他の分野の発明と同じルールが適用されます。

　進歩性の基準の1つは、当該分野の技術状況において獲得された機能が存在するか否かにあります。言い換えれば、当該発明が新たな技術的課題を解決し及び新しい機能を導入する場合には、進歩性の指標となります。しかし、機能が同等でも進歩性が認められることがあります。一方、特定のハードウェアによってこれまでに扱われた物質又はプロセスを扱うコンピュータ関連発明は、それが単な

第9章　特定技術分野の特許適格性

る等価の実現からなる場合には、進歩性を有しません。

2．生物関連発明

　本項では、生物関連発明に係る出願の審査に際し、特有な判断・取扱いが必要な事項を中心に説明します。

　ここでいう「生物」とは、微生物、植物又は動物を意味し、これには増殖可能な動植物の細胞も含まれます。

(1) 生物関連発明に含まれる様々な主題の保護適格性

　生物の全体又は一部分は特許を受けることができません。ただし、新規性、進歩性及び産業上の利用可能性の要件を満たし、かつ、単なる発見ではない遺伝子組換え微生物は特許を受けることができます（第8条、18条(Ⅲ)）。

　なお、遺伝子組換え微生物とは、植物又は動物の全体又は一部を除いた有機体であって、その遺伝子構成への直接の人的介入により、通常自然の状態では到達し得ない特性を示しているものをいう、と規定されています（第18条補項）。

■特許を受けることができない発明

> **第18条（Ⅲ）**
>
> 　生物の全体又は一部分。ただし、第8条に規定した特許を受けるための3要件、すなわち、新規性、進歩性及び産業上の利用可能性の要件を満たし、かつ、単なる発見ではない遺伝子組み替え微生物を除く。
>
> **（補項）** 本法の規定の適用上、遺伝子組み替え微生物とは、植物又は動物の全体又は一部を除いた有機体であって、その遺伝子構成への直接の人的介入により、通常自然の状態では到達し得ない特性を示しているものをいう。

(a) 自然から単離されたにすぎない生物的産物

　自然から単離された又はそれと同等な環境から単離されたにすぎない生物的産物、例えば、遺伝子等の核酸分子又はポリペプチドは発明とみなされません。また、自然から単離された又はそれと同等な環境から単離されたポリペプチド

85

又は核酸分子は、それが人工的に製造できるとしても、発明とみなされません（第10条（IX）、18条（III））。

抽出物は、非常に稀な場合を除いて、活性化合物及び不活性化合物中のいくつかの化合物を含むものですが、それでも、それらは天然から得られたものであるので、発明とはみなされません（第10条（IX）））。

合成手段によって得られた、天然起源の化合物に対応する化学物質は、天然起源の化合物と識別する手段がないので、生物的でないならば発見とされ、発明とはみなされず、生物的であるならば、自然の生物及び生物材料の全部又は一部とされ、発明とはみなされません（第10条（I）、（IX））。

一方、突然変異又はキメラ型のポリペプチド又はポリヌクレオチドは一般的に特許取得が可能です。その場合であっても、十分な開示要件を満たすように、アミノ酸又はヌクレオチド配列に挿入された変異が明細書に十分に定義されていることが必要です。かかる定義がない場合には、審査官は、発明が実施できないとの拒絶理由通知を出すことがあります（第24条）。

■発明又は実用新案とはみなされないもの

第10条

次に掲げる事項は、発明又は実用新案とはみなされない。

（IX）全ての自然の生物のゲノム又は生殖質を含めて、それらから分離されたものであるか否かにかかわらず、自然の生物及び生物材料の全部又は一部、並びに自然の生物学的方法。

（b）発現ベクター

発現ベクターに関する発明は、プロモーター、ターミネーター等のすべての構成成分が明確に定義され、明細書にそのサポートが存在することを条件に特許取得可能です。

（c）抗体

ポリクローナル抗体は、当該抗体が自然の生物学的方法から得られるという事実のため、第18条に規定する特許を受けることができない主題と判断されます（第10条（IX））。

一方、ハイブリドーマ及びモノクローナル抗体、並びにキメラ型、CDR-移植型、ヒト化抗体は、明細書に、例えば抗体の配列、CDR配列、ハイブリドーマの寄託書、エピトープ等が記載されていることを条件に許容されます。

(d) 動物、植物及びその一部

動物細胞及び植物細胞が単離されているものである場合には、発明を構成しないため、また、人の操作によって得られたものである場合には、特許付与されません（第10条(IX)、18条(III)）。

(e) 微生物

INPIは、トランスジェニック微生物について特許を認めています。トランスジェニック微生物は、微生物の遺伝的構成への人的介入によって自然条件下で種によっては通常達成し得ない特性を示す生物であり、植物又は動物の全体又は一部は含まれません。

微生物は、下記のように特定することができます。

（例１）配列番号Xの配列を含むことを特徴とする微生物（細菌、真菌等）。

（例２）ベクターの発現を含むことを特徴とする微生物（細菌、真菌等）。

（例３）（形態学的又は生理学的特徴によって）特徴付けられる微生物（細菌、真菌等）。

なお、請求の範囲が天然の微生物を包含しないよう留意することが必要です。例えば、（例１）の配列が特定の細菌から単離され、請求の範囲が「微生物」という一般的名称を含む場合、このことは、もとの細菌を超えて保護の範囲を拡大することになり、第10条(IX)の規定に反します。

（例３）では、微生物を正確に定義するように形態学的又は生理学的特徴を十分に記載することが必要です。

(f) 宿主細胞

宿主細胞が、植物又は動物の全部又は一部を除く生物であるトランスジェニック微生物であって、植物又は動物の一般的な構成への直接的な人的介入により、自然条件下では種によって通常達成し得ない特性を示す場合には、特許取得可能です（第18条(III)）。

(2) 明細書の記載上の注意

出願対象の実施にとって不可欠である生物材料を、複製可能となる程度に明確、かつ、十分に記載をすることができず、かつ、公衆が入手することができないものである場合には、明細書は、INPIにより認可され又は国際協定で指定された機関にその材料を寄託することによって補充する必要があります（第24条補項）。

バイオテクノロジー分野の明細書においては、産業上利用可能性の要件に加えて、対象の完全な特徴化のために適当と考えられる当該生物学的物質に特有のテクノロジーに従って記載された出願対象を完全に理解するため本質的特徴の説明も含めなければなりません。

また、ヌクレオチド又はアミノ酸の配列を記述するすべての特許出願は、明細書、請求の範囲、図面及び要約に加えて、請求の範囲の直後に配列表を含めなければなりません（NA16.3.1）。

⇒微生物の寄託に関してはブタペスト条約がありますが、ブラジルは加入していません。しかし、上記規定にありますように、実質的にこの条約の規定を利用しています。

〈ブタペスト条約とは〉

ブタペスト条約は、微生物に係る発明において当該微生物を書面によって十分に開示し特定することは困難であるため、当該微生物を国際寄託機関に寄託することにより、ブタペスト条約の締約国における特許手続を有効とするものです。

（詳細は、「第1章4．（参考）特許手続上の微生物の国際承認に関するブタペスト条約」参照）

3．医薬発明

(1) 医薬発明とは

本項では、医薬発明に係る出願の審査に際し、特別な判断・取扱いが必要な事項を中心に説明します。

第9章　特定技術分野の特許適格性

医薬発明とは、ある物の未知の属性の発見に基づき、当該物の医薬用途を提供しようとする「物の発明」です。

ここで言う「物」とは、有効成分として用いられるものを意味し、化合物、細胞、組織、及び天然物からの抽出物等のような化学構造が特定されていない化学物質（群）、並びにそれらを組合せが含まれます。

「医薬用途」とは、①特定の疾病への適用、又は②投与時間、投与手順、投与量、投与部位等の用法又は用量が特定された特定の疾病への適用、を意味します。

ブラジルでは、1996年にTRIPS協定の義務履行に対応するために制定された産業財産法（法律第9279号）において、医薬品等に関する発明について物質特許が認められるようになりました。

(2) ブラジルにおける医薬発明の保護の形態
医薬発明はブラジルにおいて主に以下の主題によって保護されています。

(a) 第一医薬用途
公知の化学物質であっても医薬用途に有効であることを初めて見出した場合、新規性を有する発明として認められます。これを、第一医薬用途発明といいます。

(b) 第二医薬用途
第一医薬用途物質と同じ化学物質ですが、第一医薬用途とは別の新たな医薬用途に有効であることを初めて見出した場合、新規性を有する発明として認められます。これを、第二医薬用途発明といいます。

(c) 結晶多形発明
同一分子でありながら結晶中での分子の配列の仕方が異なるものを結晶多形といいます。医薬化合物は、複数の結晶形として存在することが多く、物質が公知であっても「結晶多形発明」として権利を取得できます。

(3) ブラジルにおける保護の形態の特徴
INPIでは、医薬用途発明を認めています。

89

（a）第一医薬用途発明

第一医薬用途発明は、「化合物」、「使用」、「組成物」の複数の主題で保護を求めることができます。以下、各主題による請求の範囲の記載例を示します。

（例1）化合物

"Compound X characterized in that it is for use as a medicament."

（医薬として使用するための化合物X）

（例2）使用

"Use of Compound X characterized in that it is for the manufacture of a medicament."

（医薬の製造のための化合物Xの使用）

（例3）組成物

"A medicament characterized by containing Compound X."

（化合物Xを含有する医薬）

（b）第二医薬用途発明

第二医薬用途発明は、スイスタイプの「使用」でのみ保護を求めることができます（1994年12月31日以降に出願されたバイオテクノロジー及び医薬分野の出願に適用される審査基準の2.39.2.4）。

（例）使用

"Use of Compound X characterized by occurring in the preparation of a medicament intended for treating disease Y."[1]

（疾病Yの治療用医薬の製造のための化合物Xの使用）

医薬用途発明を認めている点は、他のラテンアメリカ諸国と比べて、INPIの大きな特徴です。ただし、国家衛生監督庁（Agência Nacional de Vigilância

---

1. INPIで一般的に認められているスイスタイプ。

第9章　特定技術分野の特許適格性

Sanitária：ANVISA）は、第二医薬用途発明を認めていません。

　なお、日本においても、第一医薬用途発明及び第二医薬用途発明は、スイスタイプの「使用」を含む特定の主題によって特許取得可能です。また、日本と同様、ブラジルでも、人の治療方法や診断方法等の医療行為は不特許事由となっており、治療方法として発明を表現しても特許は取得できません（第10条Ⅷ）。

■発明又は実用新案とはみなされないもの

第10条
　次に掲げる事項は、発明又は実用新案とはみなされない。
　（Ⅷ）人体又は動物に適用する外科的技術及び方法、並びに治療又は診断の
　　　　方法。

（c）結晶多形発明

　ブラジルにおいては、日本と同様、既知の医薬化合物であっても結晶形が新規であり、物理化学的特性が向上し、より有効な治療効果が得られる場合には、「結晶多形発明」として権利を取得できます。

　しかし、ANVISAは、「結晶多形発明」を原則として認めていません。

（d）組合せ医薬発明

　INPIにおいては、日本と同様に、既知の２つの医薬化合物を組合せた結果、それが出願時の技術水準から予測できない顕著な効果を有する場合には、進歩性を有すると判断され、特許付与されます。

　しかし、ANVISAは、「組合せ医薬発明」を原則として認めていません。

４．特許審査におけるINPIとANVISAとの関係

（1）ANVISA

　ANVISAは、ブラジル大統領が署名して設立された特別機関でブラジル保健省の管理下にあります。

91

現行産業財産法は、TRIPS協定の義務を履行するため1996年に制定され、医薬品等の発明について物質特許が認められるようになりました。

その後、2001年に改正され、「医薬用の製品及び方法に関する特許の付与はANVISAによる事前の同意を必要とする。」（第229C条）との条文が導入され、医薬品及びその製造方法に関する特許の許可には、ANVISAの事前承認を得ることが義務付けられました。

(2) INPIとANVISAによる重複審査

2001年以降、ANVISAは第229C条の規定を根拠に、医薬品及び医薬品の製造方法に関する特許出願について特許審査を含む事前承認審査を開始しました。そのため、INPIによる特許審査と、ANVISAによる特許審査を含む事前承認審査が重複して行われることになりました。

2012年5月までは医薬品及び医薬品の製造方法に関する特許出願は、まずINPIが特許審査を行い、特許可能と判断されたものがANVISAに送付され、改めて特許審査を含めた事前承認審査が行われていました。

(3) INPIとANVISAによる審査の順序を逆にして重複審査を避ける

INPIが特許可能と判断したもののうち、かなりの件数の出願がANVISAによって拒絶されるという状況となり、特許権の付与というINPIの権限に踏み込んできたため、INPIは、ANVISAによる事前承認審査は公衆衛生に関する範囲に限定されるべきと主張しました。その結果、2012年に産業財産法が改正され、医薬品及び医薬品の製造方法に関する特許出願は、同年6月以降は、ANVISAが先に審査を行ってからINPIに送付するという新たな審査ルートがとられるようになりました。

(4) 医薬品及び医薬品の製造方法に関する特許出願に係る新たなルート

図1は、2012年6月以降の新たな審査ルートを示したものです。

INPIは特許出願を受理すると方式審査し、当該出願が医薬品及び医薬品の製造方法に関する特許出願である場合であって出願人が審査請求したものは、AN-

VISAに送付されます。ANVISAが、特許出願がANVISAによる事前承認審査の対象外であると判断した場合は審査をせずにINPIに戻します。一方、ANVISAが事前承認の対象と判断した場合、特許要件を含めて事前承認審査を行います、

ANVISAが承認すると判断した出願はINPIに戻され、INPIが特許審査を行います。一方、ANVISAが承認しないと判断した出願はINPIに戻され棚上げされます。なお、ANVISAでの事前承認は、いわゆる医薬品の製造承認とは関係ありません。

〔図1〕 INPI及びANVISAによる現行審査フローチャート（2016年1月現在）

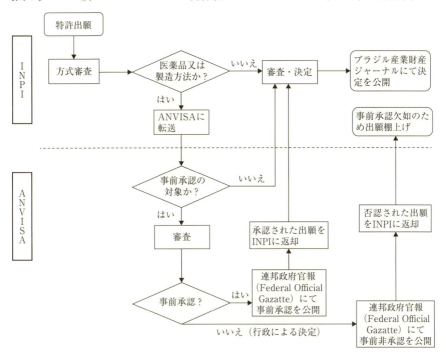

（INPI医薬第1部審査官のプレゼン資料「Patent Procedures In Brazil」に基づき作成）

５．外科的技術及び方法、治療又は診断方法

　ブラジルにおいて、人体又は動物に適応する外科的技術及び方法、治療方法（薬物及び診断テストを含む治療方法を含む）、及び診断方法は、発明とはみなされません（第10条）。

　但し、診断試験（diagnostic assay）は、一般に以下のステップから成ると解釈されており、これらのうちステップ（c）が存在しない場合には診断的方法を構成せず、特許取得が可能です（1994年12月31日以降に出願されたバイオテクノロジー及び医薬分野の出願に適用される審査基準の２.37.２）。

（a）患者の身体の数箇所を観察、触診及び聴診することによって患者を検査し

（b）患者を臨床的試験に供し

（c）これらの試験で得られたデータと正常値とを比較し、有意な補正値に注目し、当該補正値を特定の疾患症状に帰属させること

　　⇒すなわち、一般に、ヒト又は動物の身体についての情報を取得するための方法は、集められたデータは、十分な処置に関する決定をさせるにはそれ自体十分でないような中間的結果を示すに過ぎないからです。例えば、血圧測定方法、Ｘ線測定法、血液分析法等は特許取得が可能です。

６．補正

　INPIでは審査請求後に発明の主題を変更する補正は、たとえ新規事項に当たらなくても認められません（第32条）。

　したがって、例えば、当初請求の範囲に記載の「治療方法」の主題を、審査請求後に、使用（スイスタイプ）、組成物、剤形等に補正することはできませんので、保護適格性のない発明の主題については審査請求前に補正しておくことが必要です（補正についての詳細は第11章参照）。

７．生物多様性条約

　生物資源大国であるブラジルは、早くから生物多様性条約に基づく国内法を制定し、積極的に自国の遺伝資源保護に取り組んでいます。

　生物材料に関する発明を外国企業が特許出願する際には、遺伝資源及び伝統的知識がブラジルでアクセスされたものであれば、当該出願がPCT経由であるか否かを問わず、遺伝財産管理委員会（CGEN）に承認されたアクセス証明書のアクセス承認番号と、遺伝資源の出所とを示して、発明が適法なアクセスに基づくものであることを宣誓する必要があります。

第10章

新規性喪失の例外

　特許出願に係る発明又は実用新案が特許出願日より前に開示され公知になった場合でも、当該開示が出願日前12月以内又は優先日前12月以内に発明者等によって行われた場合には、開示の形態に関わらず、当該開示は技術水準とみなされず、これによって特許出願に係る発明等は新規性を喪失しません。
　ただし、外国特許庁への出願行為に起因して開示された場合は、新規性喪失の例外規定の適用を受けることができません。

第10章

新規性喪失の例外

　ブラジル特許出願に係る発明又は実用新案（以下「発明等」と記す）が出願日より前に開示され公知になった場合でも、当該開示が出願日前12月以内又は優先日前12月以内に発明者等によって行われた場合には、開示の形態に関わらず、当該開示の内容は技術水準とみなされず、これによって特許出願に係る発明等は新規性を喪失しません（第12条）（技術水準については、「第8章　特許要件、1（1）」参照）。

［グレース・ピリオド］

　発明者等が発明等を開示して公知となった場合でも、当該開示が出願日前又は優先日前「一定期間」内であれば新規性は否定されません。この「一定期間」を「グレース・ピリオド」（猶予期間）といい、ブラジルの場合は出願日前又は優先日前12月ですが日本の場合は出願日前6月です。

1．新規性喪失の例外規定の適用を受けるための要件

（1）新規性喪失の例外規定の適用を受けることができる開示の行為
　新規性喪失の例外規定が適用される開示は以下に掲げる場合に限られます。
① 　発明者による開示
② 　INPIによってされた、発明者の同意を得ることなくなされた特許出願の公開等による開示[1]
③ 　第三者による開示であって、発明者から直接もしくは間接に取得した情報に基づき又は発明者が行った行為の結果としてなされた開示

(2) 開示から特許出願の出願日又は優先日までの期間

新規性喪失の例外規定の適用を受けるためには、特許出願に係る発明等の開示は、当該出願の出願日又は優先日前12月以内でなければなりません。

以下に、新規性喪失の例外規定が適用される開示と、特許出願の出願日又は優先日との関係を図解で示します。

(a) 発明等の開示が出願日前12月以内の場合

発明等の開示が特許出願日前12月以内であれば、新規性喪失の例外規定の適用を受けることができ、当該開示は技術水準とみなされず、これによって特許出願に係る発明等は新規性を喪失しません（図1）。

〔図1〕 発明等の開示が出願日前12月以内の場合

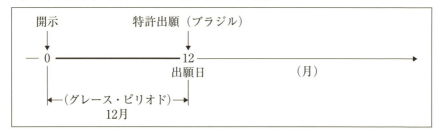

(b) 発明等の開示が優先日前12月以内の場合

特許出願が優先権を主張しており、発明等の開示が優先日前12月以内であれば、新規性喪失の例外規定の適用を受けることができます。

例えば、開示から6月以内（日本のグレース・ピリオド）に日本に特許出願して新規性喪失の例外規定の適用を受け、当該日本出願を基礎に優先権を主張してブラジルに12月以内に特許出願した場合でも、当該開示はブラジル特許出願の優先日前12月以内であるため技術水準とみなされず、これによって特許出願に係る発明等は新規性を喪失しません（図2）。

---

1. INPIによってされた、発明者の同意を得ることなくなされた特許出願の公開による開示」とは、優先日又は出願日から18月経過後にIPジャーナルに掲載される出願公開による開示等を指します。

なお、開示から12月以内に日本に特許出願し、当該日本出願を基礎に優先権を主張してブラジルに12月以内に出願した場合でも、当該開示はブラジル特許出願の優先日前12月以内であるため、ブラジルにおいて新規性喪失の例外規定の適用を受けることができます。

ただし、日本においては、開示から6月を超えて特許出願されているため、新規性喪失の例外規定の適用を受けることはできません。

〔図2〕　発明等の開示が優先日前12月以内の場合

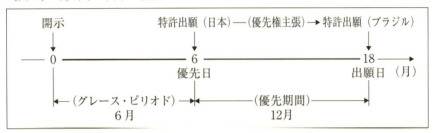

2．新規性喪失の例外規定の適用を受けることができない場合

(1) 外国特許庁への出願行為に起因して開示された場合

特許出願に係る発明等の開示が、発明者が行った行為の結果として又は発明者から取得した情報に基づき、INPI以外の外国特許庁の公開特許公報等に掲載されたことによる開示である場合、当該開示が当該出願の出願日又は優先日前12月以内であっても新規性喪失の例外規定の適用を受けることはできません。

したがって、当該開示は技術水準とみなされ、特許出願に係る発明等は新規性を喪失します（図3）。

〔図3〕 外国特許庁への出願行為に起因して開示された場合

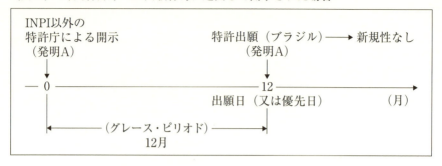

(2) グレース・ピリオドの間に第三者によって当該発明が開示された場合

　発明者等による発明等の開示が特許出願の出願日前又は優先日前12月以内にされていても、グレース・ピリオド（12月）の間に第三者によって当該発明が開示された場合には、当該発明等は新規性を喪失します（図4）。

〔図4〕 グレース・ピリオドの間に当該発明等が第三者によって開示された場合

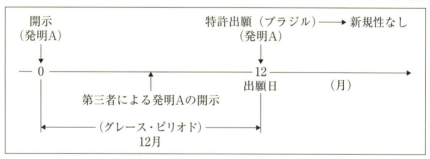

(3) グレース・ピリオドの間に第三者によって当該発明等が出願された場合

　発明者等による発明等の開示が特許出願の出願日前又は優先日前12月以内にされていても、グレース・ピリオド（12月）の間に特許出願に係る発明等と同一の発明が第三者によって出願された場合、当該特許出願は第三者の出願の後願とな

り拒絶されます（図5）。

〔図5〕 グレース・ピリオドの間に第三者によって同一の発明等が出願された場合

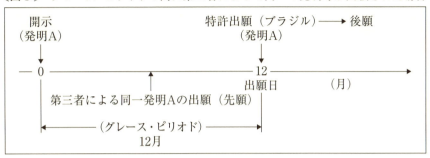

(4) グレース・ピリオドの間にされた第三者の出願に当該発明等が記載されている

　発明者等による発明の開示が特許出願（本願）の出願日前又は優先日前12月以内にされていても、グレース・ピリオドの間にされた第三者の特許出願（他の出願）の明細書及び図面に当該発明等が記載されており、当該出願が本願特許出願の出願日又は優先日以降に公開された場合、当該特許出願の発明等は新規性なしとして拒絶されます（第11条(2)：みなし技術水準）（図6）。

〔図6〕 グレース・ピリオドの間にされた第三者の出願に当該発明が開示されている

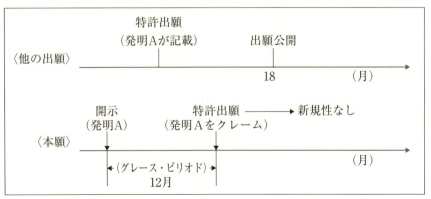

3．審査における発明の新規性喪失の例外規定の適用

　発明者等によって開示された発明に新規性喪失の例外規定が適用され、技術水準の一部であるとみなされなかった場合、特許を受ける権利を有する者がした特許出願に係る発明の新規性及び進歩性の判断において、当該開示された発明は技術水準とみなされません。

　例えば、発明者等による発明Aの開示が特許出願の出願日前又は優先日前12月以内にされていれば、開示された発明に新規性喪失の例外規定が適用され、当該発明Aの開示によって当該特許出願の発明Aは新規性を喪失しません。

　一方、発明Aの開示が特許出願の出願日前又は優先日前12月以内にされているが、当該特許出願の請求の範囲に記載された発明がA＋aであったときでも発明Aについて新規性喪失の例外規定が適用され、開示された発明Aは技術水準とみなされません（図7）。

〔図7〕　開示された発明と出願された発明が重なる場合

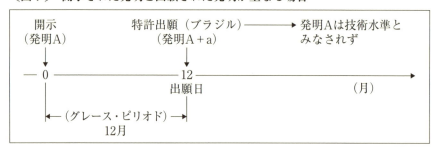

4．新規性喪失の例外規定の適用を受けるための手続

　新規性喪失の例外規定の適用を受けるためには、以下の手続きをとることが必要です。

　（a）特許出願に係る発明等の開示を、当該出願の出願日前又は優先日前12月以内に行う（第12条、規則（NI31）9条）。

（b）発明者は、第12条の規定（発明の新規性喪失の例外）の適用を受けるためには、特許出願時に、当該発明者によってなされた開示の形態、場所及び日付を示すことができる（規則（NI31）9条補項）。

第11章

補正

　出願人は、審査請求の時までは、出願当初の開示の範囲内であれば、明細書、一群の請求の範囲、要約書、図面及び配列リストについて自発補正をすることができます。ただし、審査請求後は、所定の補正の制限が課されます。
　この章では、審査請求までにできる補正について説明するとともに、審査請求後にできる補正について詳細に記述しています。

第11章

補正

　以下の記述は、ブラジル特許出願の補正に関する特許法第32条の規定及び
Resolution No.093/2013（RE）に基づき作成しました。

１．補正できる範囲と時期

（1）審査請求の時までにできる補正（RE Part 2.1.（ⅰ））

　出願人は、審査請求の時までは、出願当初の開示の範囲内であれば、明細書、
一群の請求の範囲、要約書、図面及び配列リストについて自発補正をすることが
できます（第32条）。

　請求の範囲について言えば、出願当初の明細書等の開示の範囲内であれば、請
求の範囲を拡大・変更することもできます。ただし、審査請求後は、審査請求時
の請求の範囲を拡大・変更する補正はできません。

　そのため、審査請求後に請求の範囲を拡大・変更する必要がないように、審査
請求までに発明の主題を確定しておく必要があります。発明の主題が確定してい
ない場合は、審査請求を審査請求期限（出願日から36月以内）の満了直前まで待っ
て行い、補正できる期間を長く確保することが好ましいと言えます。

■補正の制限

> **第32条**
> 　特許出願を一層明瞭又は的確に規定にするため、出願人は、審査請求時まで
> 特許出願の補正をすることができる。ただし、補正は、出願当初に開示された
> 主題に限られることを条件とする。

109

(2) 誤記又は誤訳の訂正（RE Part 2.1.(ⅱ)）

誤記又は誤訳の訂正を目的とする補正は、当初明細書等に開示された範囲内であれば審査請求後も認められ、特許出願の審査段階においていつでもできます。

ただし、これらの補正は、以下の書類に含まれている事項によってサポートされていなければなりません。

〈明らかな誤記又は誤訳の訂正をサポートする書類〉

（a）優先権書類、（b）明細書、（c）要約書、（d）図面、

（e）国際出願、（f）配列リスト、（g）寄託された生物材料、

（h）一群の請求の範囲

> 補正の時期によって補正に課される制限は異なりますが、自発補正及び技術審査に応答する際の補正の両者において、補正の時期が同じであれば当該補正に課される制限の内容に差異はありません。

(3) 審査請求後にできる補正

審査請求後は、以下の補正を行うことができます。

(a) 請求の範囲を限定する補正（RE Part 2.1.(ⅳ)）

審査請求後であっても、審査請求時に請求の範囲に記載された発明の主題を限定するものであれば、自発又は技術審査による拒絶理由通知への対応の何れの場合であっても請求の範囲を補正することができます。例えば、以下のような補正です。

① 従属請求項の構成の独立請求項への組み込み

② パラメータ範囲の限定

③ 択一的形式で記載された要素の削除（例えば、アイテムA又はBを有する製品から、アイテムBを削除して、アイテムAのみを有する製品にする補正）

④ 発明の主題を限定する直列的な要素の付加

⑤ 一般概念のより具体的な構成への変更

⑥ 多数従属請求項で引用された請求項の数の削減

⑦ 請求項の数の増加（請求の範囲を限定する限り、請求項の数の増加も認

第11章　補正

められます）

（b）規定された要件に合わせるための補正（RE Part 2.1.（ⅲ））

審査請求後であっても、規則で定められた要件に合わせるための補正を行うことができます。例えば、以下のような場合です。

① 二部形式（two-part form）で記載されていない請求の範囲を、二部形式にして、従来技術と発明の特徴的部分とに分けて記載する場合。

② 請求項間の従属関係の誤りを修正する場合。

③ 図面に参照番号を挿入する場合。

（c）不明瞭な記載の明確化、出願の種類の修正

① 不明瞭な記載の明確化

② 出願の種類の修正（例えば、実用新案特許から発明特許に、又はその逆）

（d）発明の主題を限定する直列的な要素の付加の例

以下の補正は、追加された要素が当初の請求の範囲に記載されていなくても、当初の明細書に記載されていれば、審査請求後においても、保護の範囲を限定するものとして認められます。

（補正前）

鉛筆、前記鉛筆の一端に付けられた消しゴム、及び前記鉛筆の中心付近に固定された発光効果を含むデバイス。

（補正後）

鉛筆、前記鉛筆の一端に付けられた消しゴム、前記鉛筆の中心付近に固定された発光効果、及び前記鉛筆の前記一端の取り外し可能なキャップを含むデバイス。

（補正の可否）

上記補正は、当初明細書に記載されている「取り外し可能なキャップ」を付加しており、請求の範囲を限定するものであるため、自発又は拒絶理由通知への対応の何れの場合であっても、審査請求時の請求の範囲に記載がなくても、認められます。

111

2. 許可されない補正

(1) 許可されない請求の範囲の補正（RE Part 2.2）

自発補正又は拒絶理由通知に対応する補正にかかわらず、審査請求後に請求の範囲に記載された事項を、請求の範囲に記載された主題よりも拡大する補正は、特許法第32条の規定に反するので許可されません。

例えば、以下のような補正です。（RE Part 2.3）

(a) 独立クレームの要素の削除

独立クレームの要素の削除のうち、以下の補正は、審査請求時の保護の範囲を拡大するものとして拒絶されます。

① 直列的に記載された要素の削除

② 択一的形式の要素の追加

③ 独立請求項の特徴の従属請求項への移動

ただし、以下の事項を削除することは例外として拒絶されません。

① 説明的部分

② 発明の記述として本質的でないとみなされる事項

③ 発明とみなされない事項（科学の理論等）

(b) 出願時の明細書に含まれている要素の削除又は変更

例えば、多層薄層パネルに関する発明であって、明細書には層の配置について複数の実施形態が記載されており、そのうちの1つがポリエチレンの外層を有している場合、このポリエチレンの外層を変更又は削除する補正は認められません。

(c) カテゴリーの変更

審査請求後は、請求の範囲において、例えば、製品を方法に、又は方法を製品にカテゴリーを変更する補正は認められません。

ただし、審査請求後であっても、以下の場合は、請求の範囲のカテゴリーを変更する補正を行うことができます（RE Part 2.4）。

① 当初の請求の範囲が、方法により特徴付けられた製品の請求の範囲を含

第11章　補正

み、出願人が方法に特徴付けられた方法に変更する場合

② 　当初の請求の範囲が、製品により特徴付けられた方法の請求の範囲を含み、出願人が製品に特徴付けられた製品に変更する場合

⇒上記２つの変更は、有効な一群の請求の範囲（審査請求までに出願人が提出した一群の請求の範囲）に記載された内容に基づいて行うことができるのであり、明細書の記載に基づいて行うことはできません。即ち、一群の有効な請求の範囲において、製品が「方法によって特徴付けられる」場合、方法のカテゴリーへの変更は受け入れられますが、有効な一群の請求の範囲が「製品によって特徴付けられた製品」のみであった場合、審査官が、明細書の記載から、発明が方法であるということを理解していたとしても、方法のカテゴリーへの変更は許容されません。

３．一群の請求の範囲が第32条の規定に反する場合の対応
（RE Part 2.5）

補正により提出した一群の請求の範囲（拒絶理由通知に応答して提出された一群の請求の範囲であっても）のうち、第32条の規定に反する請求項が１つでもある場合には、当該一群の請求の範囲全体が拒絶されます。

この場合、一群の請求の範囲全体が拒絶され、審査は先の有効な一群の請求の範囲について行われます。そして、審査結果には、新たな一群の請求の範囲は第32条の規定に反するとして受け入れない、という説明が含まれます。即ち、審査官は、どの請求項が第32条の規定に反するかについて指摘し、一群の請求の範囲全体を拒絶します。

なお、一群の請求の範囲が第32条の規定に基づいて拒絶された場合でも、審査官は、拒絶された一群の請求の範囲が許可できる事項を含んでいるかどうかも判断します。

113

第12章

分割出願

　特許出願の審査が終了するまで、出願人の請求により、当該特許出願を2以上の出願に分割することができます。ただし、審査がいつ終了するかは予測できません。そのため、分割出願を希望する場合は、拒絶理由通知に対して応答した時に、又はその後すぐ、分割することが望ましいといえます。
　分割出願は、原出願の開示の範囲内で行わなければなりません。原出願の審査請求後に分割する場合は、分割出願の請求の範囲は、原出願の審査請求時の請求の範囲内にしなければなりません。

第12章

分割出願

1．分割出願の要件

（1）分割出願の要件

分割出願は次の要件を満たしていなければなりません（第26条）。

(a) 原出願について明確に言及している

(b) 原出願に開示された事項の範囲を超えていない

上記要件を満たしていない分割出願は棚上げされます（第26条補項）（「棚上げ」については「序Ⅲ」参照）。

（2）分割出願の効果

分割出願は、原出願の出願日を保持し、かつ、該当する場合は原出願に係る優先権の利益を享受します（第27条）。

なお、分割出願を国内優先権主張の基礎とすることはできません（第17条(3)）。

（3）分割出願により取得した特許の存続期間

分割出願は原出願と同様に出願日から起算して、発明特許については20年の期間、実用新案特許については15年の期間、効力を有します（第40条）。

ただし、存続期間は、原出願と同様に特許付与日から起算して、発明特許は10年未満、実用新案特許は7年未満であってはなりません。ただし、係属中であることが確認されている訴訟又は不可抗力のために、INPIが出願の実体審査をすることができなかったときはこの限りではありません（第40条補項）。

117

なお、出願日が原出願日に遡及するため、分割出願の存続期間は原出願と同じです。

■分割出願の時期と条件

第26条

　特許出願は、審査が終了するまでは、職権又は出願人の請求により2以上の出願に分割することができる。ただし、分割出願が次に掲げる要件を満たしていることを条件とする。

（1）原出願について明確に言及していること、及び

（2）原出願に開示されている内容の範囲を超えていないこと

（補項）本条の規定にしたがっていない分割請求は棚上げされる。

2．分割出願できる時期

（1）いつ分割出願したらよいか

　特許出願の審査が終了するまで、出願人の請求により、当該特許出願を2以上の出願に分割することができます。当該特許出願が、同じ発明概念により相互に関連付けられる一群の発明を含む場合であっても、分割することができます（第26条、規則（NI30）17条Ⅰ）。

　審査の終了とは、特許性に関する最終見解報告（拒絶決定、特許決定、最終的棚上げ）が出された日、又はこれらの決定がIPジャーナルに掲載される日より30日前の日の何れか遅い日になります。したがって、例えば、拒絶決定が出された後に分割出願をすることはできません（規則（NI30）32条）。

　しかし、技術審査がいつ終了するかは予測できません。例えば、拒絶理由通知に応答した後すぐに拒絶決定が出されたような場合、分割する機会を逸することになります。

　そこで、重要な発明の場合、拒絶決定が出される場合に備え、拒絶理由通知に対して応答した時に（又はその後すぐ）分割出願しておけば、分割する機会を逃すことはありません。

118

なお、分割出願に基き、さらに分割することはできません（規則(NI30)21条）。

(2) 審判請求しても分割はできない

拒絶決定に対して出願人は、IPジャーナルに掲載された日から60日以内に審判請求することができますが、審判請求をしても分割出願をすることはできません（第26条）。

3．分割出願する際に留意すべきこと

分割出願をするときには、分割出願の特許性に関する技術的コメント、例えば、新規性、進歩性を有する旨のコメントを提出することをお勧めします。また、分割出願の内容について、以下の要件を満たさなければなりません。

(1) 分割出願の請求の範囲

原出願の審査請求後に行った分割出願の請求の範囲は、原出願の審査請求時の請求の範囲内に限定されます。

例えば、原出願が審査請求された後に分割出願がされ、当該分割出願の請求の範囲が、原出願の審査請求時の範囲よりも拡大されている場合は、当該請求の範囲が原出願に開示された事項に基づくものであっても審査の対象とされず、拒絶理由通知が出されるか、又は拒絶決定が出されます。

(2) 分割出願の内容に関する要件

分割出願の内容について、規則において以下のように規定されています。

① 原出願の明細書、図面及び要約書に記載された事項のうち、分割出願と矛盾する事項又は分割出願の請求の範囲に記載された発明と明らかに関係ない事項を除外するよう、分割出願において修正しなければならない（規則(NI30)19条）。

② 分割出願の請求の範囲が、原出願の請求の範囲を分割した結果によるものである場合、当該原出願の請求の範囲は、分割出願の請求の範囲に記載され

119

た事項を除外するよう修正しなければならない（規則(NI30)20条）。

③　分割出願の明細書、要約書及び図面の内容は、分割出願において請求の範囲に記載された事項の内容に限定される。ただし、発明の主題の完全な理解のために必要な場合は、原出願に含まれている事項を含めることができる（NA6.1.2(b.1)）。

(3) 分割できない場合

出願が単一の発明のみ又は単一の実用新案のみを含んでいる場合であって、分割すると発明若しくは実用新案の実質を損ない又は二重保護をもたらす場合、当該出願を分割することはできません（規則(NI30)18条）。

4．分割出願の手続

分割出願をするとき、出願人は以下の手続をしなければなりません（第28条、規則(NI31)25条）。

(a) 出願手数料の納付証を添付して、規則に規定される様式を用いた願書の提出（規則(NI31)25条Ⅰ）

(b) 規則に規定される分割出願の書類の提出。明細書には、発明（実用新案）の名称の後に、原出願の種類（発明特許又は実用新案特許）、番号及び出願日を記載し、当該出願が分割された出願であることを記載します（規則(NI31)25条Ⅱ）。

(c) 原出願と同様に、手数料（年金、審査請求料等）の納付証の提出（規則(NI31)26条）。

5．分割出願の審査請求期限

分割出願の審査請求は、原出願の出願日から36月の期間内にしなければなりません。原出願の出願日から36月の経過後に分割出願を行った場合は、分割出願の番号を用いて、遅滞なく審査請求料を支払う必要があります。

第12章　分割出願

6．分割出願がされたときのINPIの対応

分割出願がされると、INPIにおいて以下の手続が行われます。

(a) 分割出願は、方式審査が行われた後、記録し、保管され、原出願の出願年に基づく続き番号が付与されます（NA6.4）。

(b) 分割出願は、自動的にIPジャーナルに掲載されます。掲載事項には、原出願の番号及び当該出願が分割されたことの表示が含まれます（規則(NI31)27条）。

7．審査官が職権により分割を求める場合

特許出願の審査が終了するまで、技術審査官の職権により、当該特許出願を2以上の出願に分割することができます（第26条）。

技術審査において、出願が複数の発明若しくは複数の実用新案を含むと判断された場合、審査官が、分割出願するよう職権で求める場合があります。この場合、出願人に90日の期間が与えられ、この間に分割出願をすることができます（第35条(Ⅲ)、規則(NI30)17条Ⅱ）。

8．分割出願の補正

原出願の審査請求前に分割出願をした場合、原出願と同様に、分割出願の明細書等の記載に基づいて、分割出願の一群の請求の範囲に対する補正を行うことができます。

原出願の審査請求後に分割出願をした場合には、原出願と同様に、上述した補正の制限があり、原出願の審査請求時の請求の範囲よりも範囲を拡大する補正はできません。

121

９．原出願及び分割出願における第32条（補正の制限）の適用

　技術審査の手続の各段階（ケース）における第32条の適用について、図１〜図３に示すフローチャートにより説明します。

（ケース１）　最初の技術審査における第32条の適用（図１）

（ケース２）　２回目以降の技術審査における第32条の適用（図２）

（ケース３）　分割出願における第32条の適用（図３）

（ケース１）　**最初の技術審査における第32条の適用のフローチャートの説明（図１）**

　審査請求までに出願人が提出した有効な一群の請求の範囲（出願時又は審査請求前に補正された請求の範囲）から手続が開始されます。

（1）出願人が、審査請求後に新たな一群の請求の範囲を提出しなかった場合。

　この場合、審査は規定された審査ガイドラインにしたがって続けられます。

（2）出願人が、審査請求後に新たな一群の請求の範囲を提出した場合。

　この場合、審査請求後に補正された新たな一群の請求の範囲が審査されます。特に、提出された補正が第32条の規定を満たしているかどうか審査され、以下の４つの場合に分けられます。

（2.ⅰ）補正が、有効な一群の請求の範囲に対する誤記又は誤訳訂正の場合。

（2.ⅱ）補正が、有効な一群の請求の範囲に対する限定の場合。

（2.ⅲ）補正が、有効な一群の請求の範囲に対して保護の範囲を拡大する場合。

（2.ⅳ）補正が、有効な一群の請求の範囲のカテゴリーを変更する場合。

　（2.ⅰ）及び（2.ⅱ）の場合、補正は受け入れられ、規定された審査ガイドラインにしたがって審査が続けられます。

　（2.ⅲ）及び（2.ⅳ）の場合、補正は受け入れられず、新たな一群の請求の範囲は全体が拒絶されます。審査官は、拒絶理由通知において、新たな一群の請求の範囲は第32条の規定に反しているので拒絶されたことを指摘し、補正前の有効な一群の請求の範囲を対象として技術審査を続けます。この場合、補正前の有効な一群の請求の範囲を含む特許出願が、特許性の要件を満たすかどうか検討されます。

第12章　分割出願

（ケース１）　最初の技術審査における第32条の適用（図１）

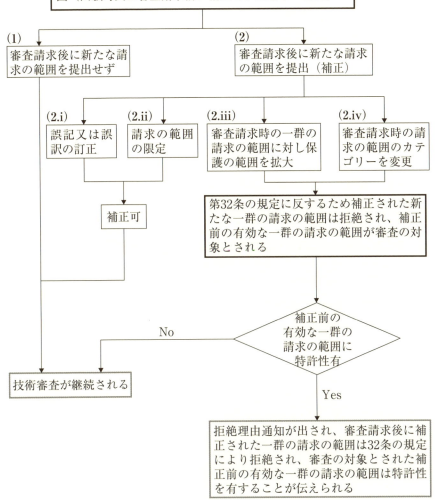

補正前の有効な一群の請求の範囲に特許性がない場合、審査ガイドラインにしたがって審査が続けられます。

しかしながら、補正前の有効な一群の請求の範囲に特許性がある場合（そして、出願全体が特許性の要件を満たしている場合）、拒絶理由通知が出され（RPIコー

ド7.1）、補正された新たな一群の請求の範囲は第32条の規定に反するので拒絶され、補正前の有効な一群の請求の範囲は特許可能であることが出願人に伝えられます。

（ケース2）　2回目以降の技術審査における第32条の適用のフローチャートの説明（図2）

このケースは、審査請求後に技術審査がされて拒絶理由通知が出され、出願人が拒絶理由通知への応答において補正した場合に、第32条がどのように適用されるかを示したものです。

（1）出願人が応答し反論したが、新たな一群の請求の範囲を提出しなかった場合。

この場合、規定された審査ガイドラインにしたがって審査が続けられます。

（2）出願人が、応答と共に新たな一群の請求の範囲を提出した場合。

この場合、新たな一群の請求の範囲が審査され、以下の4つの場合に分けられます。

（2.ⅰ）補正が、先に審査された請求の範囲（有効な一群の請求の範囲）に対する誤記又は誤訳訂正の場合。

（2.ⅱ）補正が、有効な一群の請求の範囲に対する限定の場合。

（2.ⅲ）補正が、有効な一群の請求の範囲に対して保護の範囲を拡大する場合。

（2.ⅳ）補正が、有効な一群の請求の範囲のカテゴリーを変更する場合。

（2.ⅰ）及び（2.ⅱ）の場合、補正は受け入れられ、規定された審査ガイドラインにしたがって審査が続けられます。

（2.ⅲ）及び（2.ⅳ）の場合、補正は受け入れられず、新たな一群の請求の範囲は全体が拒絶されます。この場合、次の2つの状態が検討されます。

（3.ⅰ）先の審査の対象となった一群の請求の範囲が、第32条の規定に反するとして拒絶されていなかった場合。

（3.ⅱ）先の審査の対象となった一群の請求の範囲が、第32条の規定に反するとして拒絶されていた場合。

（3.ⅰ）の場合、新たな一群の請求の範囲は全体が拒絶され、先の一群の請求の範囲を対象として審査が進められます。そして、拒絶理由通知が出され（RPI

124

第12章　分割出願

（ケース2）　2回目以降の技術審査における第32条の適用（図2）

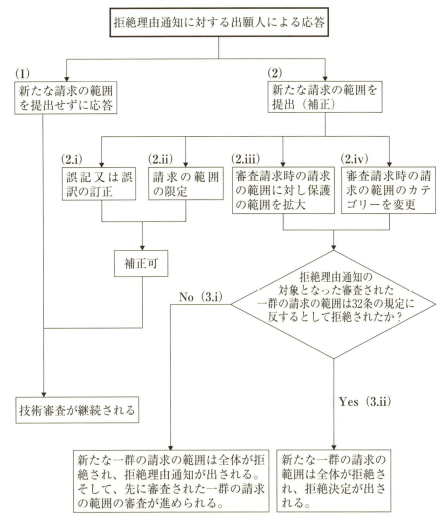

コード7.1）、第32条の規定により新たな一群の請求の範囲全体が拒絶されたことが出願人に伝えられます。

（3.ii）の場合、拒絶決定が出されます（RPIコード9.2）。

125

（ケース３）分割出願における補正に対する第32条適用のフローチャートの説明
（図３）

このケースは、原出願について審査請求までに出願人が提出した有効な一群の請求の範囲（出願時又は審査請求前に補正された請求の範囲）を、分割出願において補正した場合の第32条の適用について示したものです。

（１）分割出願の一群の請求の範囲が、第32条の規定に合致している場合。

この場合、分割出願の審査は、規定された審査ガイドラインに従って続けられます。

（２）分割出願の一群の請求の範囲が、第32条の規定に反する補正を含んでいる場合。

この場合、分割出願の一群の請求の範囲は、以下の２つの場合に分けて検討されます。

（2.ⅰ）分割出願が、原出願の第１回目の審査の前にされた場合。

（2.ⅱ）原出願の第１回目の審査がされ、特許性なしとする拒絶理由通知が出された後に分割出願がされた場合。

（2.ⅰ）の場合、分割出願について拒絶理由通知が出され、分割出願の一群の請求の範囲は第32条の規定に反するとして受け入れられなかったことを出願人に伝える。

（2.ⅱ）の場合、２つの場合に分けられます。

（3.ⅰ）原出願の一群の請求の範囲が第32条の規定に合致している場合。

（3.ⅱ）原出願の一群の請求の範囲が第32条の規定に反している場合。

（3.ⅰ）の場合、分割出願について拒絶理由通知が出され（RPIコード7.1）、分割出願の一群の請求の範囲は第32条の規定に反するとして受け入れられなかったことが出願人に伝えられます。

（3.ⅱ）の場合、原出願も第32条の規定に反しているので、分割出願に拒絶決定が出されます（RPIコード9.2）。

第12章 分割出願

(ケース3) 分割出願におけるの補正に対する第32条の適用（図3）

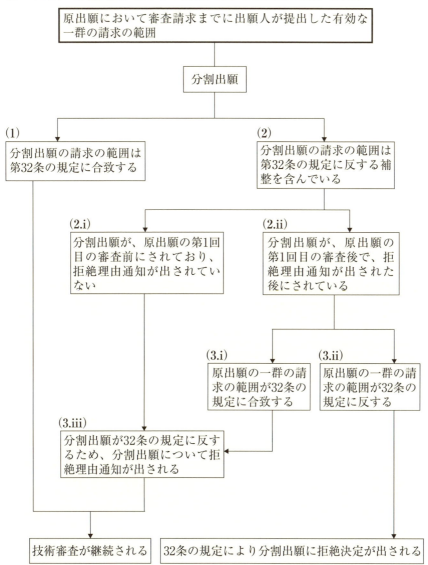

第13章

PCT国際出願によるブラジル特許の取得

　PCTによる国際出願によってブラジルで特許を取得する「PCTルート」による出願は、国際段階及びブラジルの国内段階への移行手続を経たあと、産業財産法に基づき審査請求がされ技術審査が開始されるため、直接ブラジルに出願する「パリルート」とは異なる手続を有しています。

　そこで、この章では、日本の特許出願を基礎に優先権を主張して国際出願し、ブラジルの国内段階に移行して特許を取得する場合を例にとり、PCTルートによる手続きの流れの概要が理解できるように説明します。

第13章

PCT国際出願によるブラジル特許の取得

　ブラジルで特許を取得する場合、直接INPIにポルトガル語で特許出願するルート（パリルート）と、PCTによる国際出願をしてブラジルを指定し、出願日又は優先日から30月以内にブラジルの国内段階に移行するルート（PCTルート）があります。

　この章では、PCTによる国際出願によってブラジルで特許を取得するルート（PCTルート）の手続について紹介します。

〈ブラジルにおけるPCT国際出願の動向〉

〔図1〕　ブラジルにおけるPCT国際出願件数の推移

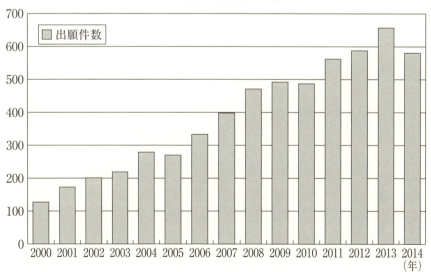

図1は、ブラジルの国際出願件数の推移を示すグラフです。2013年までは増加傾向が続いていましたが、2014年は対前年比マイナスとなりました。

〔図2〕　ブラジルの国内段階に移行した国際出願件数の推移

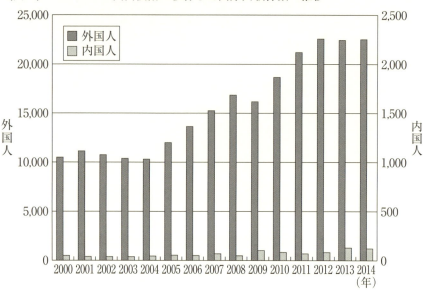

　図2は、ブラジルの国内段階に移行した国際出願件数の推移を示すグラフです。外国人による国際出願件数が内国人に比べて圧倒的に多いですが、件数は2012年以降伸びていません。

〔図3〕　ブラジルへの国内段階移行の国別割合

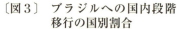

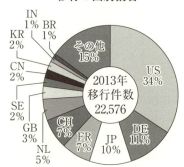

　図3は、2013年にブラジルの国内段階に移行した国際出願（22,576件）の出願人の国別件数の割合を示したグラフです。

　米国（US）34％、次いでドイツ（DE）11％、日本（JP）10％、フランス（FR）とスイス（CH）7％となっています。

　以下、オランダ（NL）、英国（GB）、スウェーデン（SE）、中国（CN）、韓国（KR）、インド（IN）、ブラジル（BR）となっています。

第13章　PCT国際出願によるブラジル特許の取得

1．国際出願から国内段階移行までの手続（国際段階）の流れ

　図4は、国際出願から国内段階移行までの手続（国際段階）の流れを示しており、最初に日本に特許出願し、当該特許出願の出願日（優先日）から12月以内に優先権を主張して国際出願した場合を示したものです。

　なお、日本に特許出願せずに直接国際出願をすることもできます。その場合、日本も指定されているため、日本に対して国内段階に移行すれば日本で特許を取得することができます。

〔図4〕　PCTルートによるブラジル特許の取得（優先権を主張した場合）

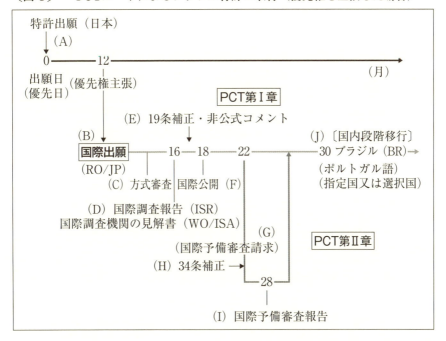

　図4に示した国際段階の手続の詳細は、下記「2．PCT国際段階の手続の詳細」に記述されています。

133

2．PCT国際段階の手続の詳細

　図4に示されたPCTの国際段階の各手続の詳細を、各手続を示す（A）～（J）に基づいて説明します。

（A）日本に特許出願

　発明Aがされたとき、まず、当該発明Aについて日本に特許出願します。

（B）優先権を主張して国際出願

　日本の特許出願の日（優先日）から12月以内に当該特許出願を基礎に優先権を主張し、受理官庁としての日本特許庁（RO/JP）に発明Aについて日本語又は英語で国際出願します。国際出願をする際に出願人は以下の書類を提出します。

　　①　願書

　　②　明細書

　　③　請求の範囲

　　④　図面（必要な場合）

　　⑤　要約書

［**優先権主張について**］　優先権主張の基礎となる特許出願は日本の特許出願でなくとも、例えば、米国等の外国における特許出願、ヨーロッパ特許出願、国際出願等を基礎とすることができます。

　　出願人は、先の国内出願等を受理した当局が認証した出願の謄本（優先権書類）を優先日から16月以内に受理官庁又は国際事務局に提出しなければなりません。

［**国の指定について**］　国際出願の際、出願人は願書において特許を取得したい国をPCT締約国の中から指定します。指定された国を指定国と言い、指定国の国内官庁を「指定官庁」と言います。ただし、現在は、国際出願をするとすべてのPCT締約国を指定したものとみなされます。

（C）方式審査と国際出願日の付与

　国際出願が提出された受理官庁としての日本特許庁（RO/JP）によって方式審査が行われ、国際出願日認定の方式上の要件を満たしていれば国際出願日が与え

134

られます。国際出願日が与えられると、すべての指定国において国際出願日に正規の国内出願をしたものとみなされます（2016年4月1日現在、PCT締約国は148カ国）。

受理官庁としての日本特許庁（RO/JP）に国際出願した場合、以下に記す「国際出願日認定の方式上の要件」を満たしていれば国際出願日が付与されます。

〈国際出願日認定の方式上の要件：RO/JPの場合〉

（a）出願人の要件：日本の国民又は居住者である

（b）出願の言語：日本語又は英語

（c）国際出願に含まれるべき内容

　① 国際出願する意思の表示

　② 少なくとも1つの締約国の指定

（国際出願するとブラジルを含む全締約国が指定されたものとみなされます）

　③ 出願人の氏名又は名称の所定の表示

　④ 明細書

　⑤ 請求の範囲

（D）国際調査

国際出願番号が付与されると国際調査機関（ISA）によって国際調査が行われ、

○国際調査報告（ISR：International Search Report）、及び

○国際調査機関の見解書（WO/ISA：Written Opinion of the ISA）

が作成され、国際出願に係る発明が新規性、進歩性及び産業上の利用可能性を有するか否かについての判断材料が得られます。なお、ISR等が作成されるのは、国際出願が優先権を主張している場合は優先日から16月前後です。

〈管轄国際調査機関〉

受理官庁としての日本特許庁（RO/JP）に国際出願した場合、当該国際出願の管轄国際調査機関は日本特許庁、ヨーロッパ特許庁又はシンガポール知的財産庁となり、出願人はいずれか一つを選択することができます。ただし、ヨーロッパ特許庁及びシンガポール知的財産庁を国際調査機関とするためには英語で国際出願しなければなりません。　　（シンガポール知的財産庁は2016年4月1日から管轄）

（E）国際調査の結果に対する出願人の対応

出願人は、国際調査の結果を検討し、否定的見解がある場合これを解消するため以下の対応をとることができます。

（a）**請求の範囲について補正をする**

国際調査報告及び見解書受領後1回だけ請求の範囲を補正することができます（PCT第19条補正）

（b）**「非公式コメント」を提出する**

否定的見解に反論するために「非公式コメント」を提出することができます。

（c）**請求の範囲を補正するとともに非公式コメントを提出する**

請求の範囲を補正し、補正された請求の範囲に基づき非公式コメントによって否定的見解に対して反論することができます。

（d）**国際予備審査を請求する**

国際予備審査を請求すると、否定的見解に対して直接国際予備審査機関に対して反論することができ、かつ、請求の範囲だけでなく明細書及び図面についても補正することができます。

（e）**国際出願の手続きを進めない**

国際出願に係る発明と同一又は近い先行技術が国際調査報告に含まれており、新規性又は進歩性欠如を回避することができないと判断した場合。

19条補正及び非公式コメントは、直接世界知的所有権機関（WIPO）の国際事務局（IB）に提出します。）

19条補正は、ISR送付の日から2月又は優先日から16月のいずれか遅く満了する期間内に提出しなければなりません。一方、非公式コメントの提出期限は何ら規定されていませんが、国内段階移行時に指定官庁に届くようにするため、優先日から28月以内に提出する必要があります。

（F）**国際公開**

国際出願は、出願日から、優先権を主張している場合は、最先の優先日から18月経過後、WIPOの国際事務局（IB）によって公開されます。

国際公開には、出願人が提出した国際出願の他に国際調査報告及び請求の範囲

第13章　PCT国際出願によるブラジル特許の取得

の補正（第19条補正）が含まれます。

（J）ブラジルの国内段階への移行

　国際調査の結果を検討し、特許取得可能性があると判断した場合、優先日から30月以内に指定官庁としてのINPIに対して国内段階に移行する手続きをとります。

　一方、特許取得可能性がないと判断した場合には、指定官庁としてのINPIに対して国内段階に移行する手続をとらなければ、当該国際出願はブラジルにおける国内出願の取下げと同一の効果をもって消滅します。

（以上、PCT第Ⅰ章）

（以下、PCT第Ⅱ章） 国際予備審査は出願人の希望により行われます。

（G）国際予備審査請求

　国際調査機関の見解書（WO/ISA）は出願人に反論の機会を与えずに作成された国際調査機関の一方的見解です。見解書に否定的見解が含まれており、出願人が補正し及び反論して否定的見解を解消して国内段階に移行したい場合、国際予備審査機関に国際予備審査を請求することができます。

　国際予備審査は出願人の希望によって行われる選択的手段であり、新規性、進歩性等を有するかどうかについて見解を示してくれます。

　国際予備審査を請求できるのは、優先日から22月又はISR送付の日から3月以内のいずれか遅く満了する期間内です。

〈管轄国際予備審査機関〉

　受理官庁としての日本特許庁（RO/JP）に国際出願した場合、当該国際出願の管轄国際予備審査機関は日本特許庁、ヨーロッパ特許庁又はシンガポール知的財産庁となり、出願人はいずれか一つを選択することができます。ただし、ヨーロッパ特許庁及びシンガポール知的財産庁を国際予備審査機関とするためには英語で国際出願しなければなりません。　（シンガポール知的財産庁は2016年4月1日から管轄）

（H）PCT第34条補正

　国際予備審査請求すると、請求の範囲だけでなく明細書及び図面についても補正することができ（PCT第34条補正）、「国際調査機関の見解書（WO/ISA）」の否定的見解に対して「答弁書」を提出して反論することができます。

[国の選択について] 国際予備審査を請求する際、出願人は国際予備審査の結果を利用することを意図する国を指定国の中から選択します。選択された国を「選択国」と言い、選択国の国内官庁を「選択官庁」と言います。なお、国際予備審査請求するとすべての指定国を選択したものとみなされます。

(I) 国際予備審査報告の作成

(名称は「特許性に関する国際予備報告（特許協力条約第二章)」)

　出願人と国際予備審査機関の審査官との間で意見をやり取りした結果を踏まえ、優先日から28月以内に国際予備審査報告が作成され，出願人は、国際出願に係る発明が特許取得可能性を有するかどうかについてより詳細な判断材料を得ることができます。

(J) ブラジルの国内段階への移行

　国際予備審査の結果を検討し、特許取得可能性があると判断した場合、優先日から30月以内に選択官庁としてのINPIに対して国内段階に移行する手続きをとります。

　一方、特許取得可能性がないと判断した場合には、選択官庁としてのINPIに対して国内段階に移行する手続をとらなければ、当該国際出願はブラジルにおける国内出願の取下と同一の効果をもって消滅します。

　なお、国際予備審査報告の作成が遅れた場合であっても、優先日から30月以内にブラジルの国内段階に移行しなければなりません。

（以上、PCT第Ⅱ章）

3. ブラジルの国内段階への移行手続の詳細 （その1）
—国際予備審査請求をしない場合—

　国際予備審査請求をしない場合に指定官庁としてのINPIに対し国内段階へ移行する手続について説明します。

　国際予備審査請求をしない場合、ブラジルの国内段階に移行するため、出願人は指定官庁としてのINPIに対して所定の書類を提出し、手数料を支払い、代理人を選任する等の手続きを行います。

　一方、国際事務局は、国際出願、国際調査報告、19条補正等の写しを指定官庁

138

としてのINPIに送付してくれます。

以下、出願人が行う手続及び国際事務局が送付する書類について説明します。

（1）出願人が行う手続

ブラジルの国内段階に移行するため、出願人は，指定官庁としてのINPIに対して，以下の手続を優先日から30月以内にしなければなりません。

（a）国際出願の翻訳文の提出

国際出願の明細書、請求の範囲、図面中の文言及び要約のポルトガル語への翻訳文の提出（請求の範囲が補正されている場合は、当初の請求の範囲及び補正された請求の範囲（第19条補正）の両方の翻訳文）

⇒**少なくとも請求の範囲の翻訳文は優先日から30月以内に提出しなければならず**、その他の部分は指定された期限内に提出することができます（WIPO PCT Applicant's Guideより）。

⇒19条補正の説明書が提出されている場合は説明書のポルトガル語への翻訳。

（b）国内手数料の支払（2016年 3 月現在）

・発明特許…………出願手数料　BRL　175（オンライン形式）　260（紙形式）

・実用新案特許……出願手数料　BRL　175（オンライン形式）　260（紙形式）

⇒**国内段階移行期限内（優先日から30月）に支払わなければならない。**

⇒国際出願が自然人、中小企業、大学等による場合は60％減額。

⇒BRL：ブラジル・レアル　 1 BRL＝31.5円（2016年 3 月12日現在）

（c）非公式コメントの翻訳文の提出（非公式コメントを提出している場合）

非公式コメントのポルトガル語への翻訳文を提出。

⇒翻訳文を提出しない場合、非公式コメントは無視されます。

（d）譲渡証の提出

出願人の氏名が国際出願日の後に変更されており、当該変更が国際事務局からの通知に反映されていない場合には、国内段階移行期限満了後60日以内に提出しなければなりません。

譲渡証がポルトガル語でないとき、認証されたポルトガル語への翻訳を譲渡証と同時に提出しなければなりません。

(e) 現地代理人の選任と委任状

　海外に住所を有する者は、正当な資格を有し、ブラジルに住所を有する代理人を選任しなければなりません（第217条）。

　委任状の原本、謄本又は認証謄本はポルトガル語でなければならず、領事認証又は公証人の認証は要求されません（第216条(1)）。

　　⇒委任状はブラジルへの国内段階移行の日から60日以内に提出しなければならず、提出しなかったとき出願は最終的に棚上げされます（第216条(2)）。

(f) 優先権書類の翻訳文

　優先権主張がされている場合、優先権書類のポルトガル語への非公式翻訳文を提出しなければなりません。ブラジル特許出願が優先権書類と同一である場合はその旨の陳述書を提出することができます。非公式翻訳文又は陳述書は、国内段階移行の日から60日以内に提出しなければなりません（第16条(4)、(5)）。

(2) 国際事務局が送付する書類

　国際出願がブラジルの国内段階へ移行するため、国際事務局は指定官庁としてのINPIに対して，以下の書類を送達又は送付します。

　これらの書類は、指定官庁の請求により、かつ当該指定官庁が特定する時期に国際事務局によって送達又は送付されます（PCT第20条(1)、同規則47.1、93の2.1）。

(a) 国際出願の写し

　国際事務局は、国際出願の国際公開後、指定官庁の請求により国際出願の明細書、請求の範囲、図面及び要約の写しを送達します。

(b) 国際調査報告及びその英訳の写し

　国際事務局は国際出願の国際公開後、指定官庁の請求により国際調査報告（又は国際調査報告を作成しない場合の宣言）の写しを送達します。

　また、国際調査報告（又は国際調査報告を作成しない場合の宣言）が英語以外の言語で作成された場合には、英語による翻訳が作成され、その写しが送達されます（PCT規則45.1）。

(c) 「特許性に関する国際予備報告（特許協力条約第一章）及びその英訳の写し

　国際調査機関が作成した見解書（WO/ISA）は国際事務局に送付されますが、

第13章　PCT国際出願によるブラジル特許の取得

その国際出願について国際予備審査が請求されなかった場合、国際事務局は国際調査機関の見解書（WO/ISA）に「特許性に関する国際予備報告（特許協力条約第一章）」[1][2]なる表題を付し、その写しを請求のあった指定官庁に送達します。ただし、送達されるのは優先日から30月経過後です（PCT規則44の2.1、44の2.2）。

　上記「特許性に関する国際予備報告（特許協力条約第一章）」が指定官庁の公用語で作成されていない場合、当該指定官庁は国際事務局に英語の翻訳文を請求することができます。そのような場合には、指定官庁は国際事務局にその旨を通知します。国際事務局は、「特許性に関する国際予備報告（特許協力条約第一章）」の指定官庁への送達と同時に、請求のあった指定官庁及び出願人に英語の翻訳文の写しを送付します（PCT規則44の2.3）。

(d) 19条補正及びその説明書の写し

　PCT第19条に基づき請求の範囲の補正がされた場合には、国際事務局は国際出願の国際公開後、指定官庁の請求により、出願時の請求の範囲（上記の国際出願に含まれている）に加えて、補正後の請求の範囲（19条補正）、及び補正に関する説明書がある場合にはその説明書を送達します（PCT第20条(2)）。

(e) 非公式コメントの写し

　国際調査機関の見解書（WO/ISA）に対するコメント（非公式コメント）が出願人から国際事務局に提出されている場合には、「特許性に関する国際予備報告（特許協力条約第一章）」の送達と同時に指定官庁に送付されます。

　上記コメントの提出はPCT同盟総会において合意されたもので、条約及び規則に規定されたものではないため「非公式コメント」と称されます

(f) 優先権書類の写し

　国際事務局は、指定官庁の明示の要請（文書による要請）に応じて、国際出願の国際公開の後速やかに、優先権書類の写しをその指定官庁に提供します。

1．英文では、"International Preliminary Report on Patentability (Chapter Ⅰ of the Patent Cooperation Treaty)"。略して「IPRP(第Ⅰ章)」と記す。

2．「国際調査機関の見解書（WO/ISA）」と「特許性に関する国際予備報告（特許協力条約第一章）」は、名称が異なるだけで内容は同じです。

したがって、指定官庁が出願人に対して優先権書類の写しを要求することはありません（PCT規則17.2(a)）[3]。

　例えば、指定官庁としての日本特許庁は、国際事務局に対し、日本の国内段階に移行した国際出願について優先権書類を提供するよう要求しているので、通常は出願人に対して優先権書類の提出を要求することはありません。

　⇒図5は、指定官庁としてのINPIに対して国内段階に移行する際に、WIPO国際事務局が送付する書類及び出願人がなすべき手続を図式化したものです。

3．PCTにおいては、優先権書類は国際出願時に1度だけ提出すればよいことになっており、その後指定官庁から要求されることはありません。しかし、例外的に、受理官庁が出願人から優先権書類を受領したにも関わらず、当該優先権書類をWIPO国際事務局に送付しないことがあり、そのような場合は指定官庁がやむを得ず出願人に請求することがあります。

第13章　PCT国際出願によるブラジル特許の取得

〔図5〕　指定官庁としてのINPIへの国内段階移行（優先日から30月）
　　　　（その１―国際予備審査請求をしない場合）

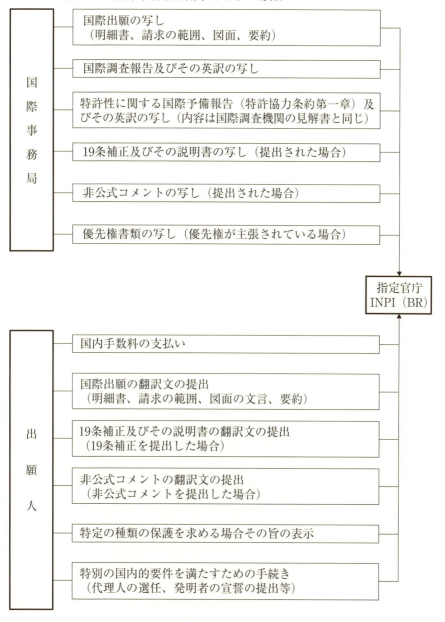

4. ブラジルの国内段階への移行手続の詳細（その2）
─国際予備審査請求をした場合─

　国際予備審査請求をした場合に選択官庁としてのINPIに対し国内段階へ移行する手続について説明します。

　国際予備審査請求した場合、ブラジルの国内段階に移行するため、出願人は選択官庁としてのINPIに対して所定の書類を提出し、手数料を支払い、代理人を選任する等の手続きを行います。

　一方、国際事務局は、国際出願、国際調査報告、国際予備審査報告及び34条補正等の写しを選択官庁としてのINPIに送付してくれます。

　以下、出願人が行う手続及び国際事務局が送付する書類について説明します。

(1) 出願人が行う手続き

　ブラジルの国内段階に移行するため、出願人は，選択官庁としてのINPIに対して，以下の手続を優先日から30月以内にしなければなりません。

(a) 国際出願の翻訳文の提出

　国際出願の明細書、請求の範囲、図面中の文言及び要約のポルトガル語への翻訳文の提出（明細書、請求の範囲、図面中の文言が補正されている場合は、当初のものと補正後（34条補正等）の両方のポルトガル語への翻訳文）

　　⇒**少なくとも請求の範囲の翻訳文は優先日から30月以内に提出しなければならず、その他の部分は指定された期限内に提出することができます**（WIPO PCT Applicant's Guideより）。

　　⇒補正されたものは国際予備審査報告の付属書類として添付されます。

(b) 国内手数料の支払い

　指定官庁の場合と同じ。

(c) 国際予備審査報告の「付属書類」の翻訳文の提出

　選択官庁に対しては、国際予備審査報告の「付属書類」（主としてPCT第34条補正）の翻訳文を提出します（条約第36条(3)(b)、規則74.1(a)）[4]。

第13章　PCT国際出願によるブラジル特許の取得

(d)　19条補正及びその説明書の翻訳文の提出

　19条補正が国際予備審査請求後に34条補正によって差し替えられていない場合、国際予備審査報告に添付されている「付属書類」に含まれています。その場合は、19条補正及びその説明書（提出されている場合）の翻訳文を提出します（PCT規則76.5(ⅳ)、49.5(c)）。

(e)　譲渡証の提出

　指定官庁の場合と同じ。

(f)　現地代理人の選任

　指定官庁の場合と同じ。

(g)　優先権書類の翻訳

　指定官庁の場合と同じ。

(2)　国際事務局が送付する書類

　国際事務局は国際出願がブラジルの国内段階へ移行するため、選択官庁としてのINPIに対して，以下の書類を送達又は送付します。

　これらの書類は、選択官庁の請求により、かつ当該選択官庁が特定する時期に国際事務局によって送達又は送付されます（PCT第20条(1)、PCT規則47.1、93の2.1）。

(a)　国際出願の写し

　国際事務局は、国際出願の国際公開後、選択官庁の請求により国際出願の明細書、請求の範囲、図面及び要約の写しを送達します（PCT第20条(1)、PCT規則76.5、47.1(a)）。

(b)　国際調査報告及びその英訳の写し

　国際事務局は国際出願の国際公開後、選択官庁の請求により国際調査報告（又は国際調査報告を作成しない場合の宣言）の写しを送達します（PCT第20条(1)、PCT規則47.1(a)）。

4．国際予備審査報告の英語による翻訳文は国際事務局により作成され、選択官庁に送付されますが、付属書類の翻訳文については選択官庁の要求する言語への翻訳文を出願人が作成して提出しなければなりません。

また、国際調査報告（又は国際調査報告を作成しない場合の宣言）が英語以外の言語で作成された場合には、英語による翻訳が作成され、その写しが送達されます（PCT第20条(1)、PCT規則76.5、47.1(a)）。

(c) 「特許性に関する国際予備報告(特許協力条約第二章)」(国際予備審査報告)及びその英訳の写し

国際事務局は、国際予備審査機関が作成した「特許性に関する国際予備報告（特許協力条約第二章)」（国際予備審査報告）を請求のあった選択官庁に送達します。ただし、送達されるのは、優先日から30月経過後です（PCT規則73.2(a)）。

選択国は、上記国際予備審査報告が選択官庁の公用語で作成されていない場合、国際予備審査報告を英語に翻訳することを国際事務局に要求することができます。そのような場合には、選択官庁は国際事務局にその旨を通知します（PCT規則72.1(a)(b)）。

国際事務局は、当該選択官庁に、国際予備審査報告の英語の翻訳文の写しを送達すると同時に出願人に送付します（PCT規則72.2）。

(d) 国際予備審査報告の「付属書類」の写し

国際予備審査報告には、34条補正による差し替え用紙、19条補正による差し替え用紙等が「付属書類」として添付され、選択官庁に送達されます（PCT第36条(3)(a)）。

なお、34条補正によって差し替えられた19条補正は添付されません。

(e) 優先権書類の写し

指定官庁の場合と同じ。

⇒図6は、選択官庁としてのINPIに対して国内段階移行の手続をする際、WIPO国際事務局が送付する書類及び出願人がなすべき手続を図式化したものです。

〔図6〕 選択官庁としてのINPIへの国内段階移行(優先日から30月)
　　　　(その2—国際予備審査請求をした場合)

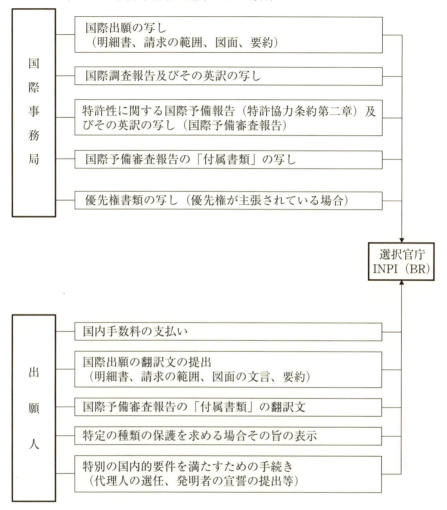

5．ブラジルの国内段階に移行後の手続

　国際出願がブラジルの国内段階に移行した後は、ブラジルの特許出願として産業財産法が適用されます。

（1）ブラジルの国内段階に移行した旨の通知

国際出願がブラジルの国内段階に移行する手続が完了すると、国内段階に移行した旨の通知がIPジャーナルに掲載されます（RPIコード1.3）。

従前のIPジャーナルには、特許出願を特定する書誌事項、発明の名称、要約及び代表図面が掲載されていましたが、No. 2228号（2013. 9. 17発行）からは要約及び代表図面が掲載されなくなりました（なお、No. 2228号以降もしばらくの間は、代表図面が掲載されていました）。

以下に、国内段階に移行した旨の通知に、要約及び代表図面が掲載されている通知と、掲載されていない通知に分けて、通知の形態を紹介します。

（a）ブラジルの国内段階に移行した旨の通知の形態（その1）

―IPジャーナルNo. 2227号（2013. 9. 10発行）まで―

図7は、優先権を主張して国際出願し、当該国際出願がブラジルの国内段階に移行した時、IPジャーナルに掲載された「国内段階に移行した旨の通知」を示したものです（RPIコード1.3）。

国際出願がブラジルの国内段階に移行した際にポルトガル語への翻訳文が提出されますので、移行通知はポルトガル語で掲載されます。

上部に特許出願を特定する書誌事項、発明の名称及び要約が、下部には代表図面が掲載されており、特許出願の概要を把握することができます。

請求の範囲及び明細書のポルトガル語への翻訳文は本件通知には掲載されませんが、INPIから別途ポルトガル語の翻訳文を入手することができます。

なお、IPジャーナルの発行日が本件通知の日となります。

⇒IPジャーナルの発行日（2013年1月2日）が出願公開日となるため、出願ごとに公開日は記載されていません。

＜書誌事項の説明（図7）＞

書誌事項に付与されたINIDコードに基づき、本件特許出願の概要を説明します（INIDコードについては「序V」参照）。

（21）出願番号（PI　0615139-6　A2）

〔図7〕　国際出願がブラジルの国内段階に移行した旨の通知（その1）
（IPジャーナル　No. 2191（2013年1月2日発行）より）

```
(21) PI 0615139-6 A2                                    1.3
(22) 16/08/2006
(30) 30/08/2005 US 11/215,272
(51) C07C 6/12 (2006.01)
(54) MÉTODOS DE PRODUÇÃO DE ISÔMEROS DE XILENO
(57) MÉTODOS DE PRODUÇÃO DE ISÔMEROS DE XILENO. São aqui
descritos métodos de produção de isômeros de xileno. Os métodos incluem em
geral contatar uma carga que compreende aromáticos com um catalisador não
sulfetado sob condições apropriadas para converter a carga num produto que
compreende isômeros de xileno. O catalisaodor inclui um suporte impregnado
com um componente de hidrogenação. O suporte inclui um ligante macroporoso
e uma peneira selecionada do grupo que consiste numa peneira de poros
médios, uma peneira de poros grandes e ,misturas das mesmas. A seleção da
peneira dependerá do tamanho das moléculas na carga, intermediários e
produto que pode ser esperado a partir das reações catalíticas. Quando as
moléculas são esperadas serem grandes, deve ser usada uma peneira de
poros grandes. Em contraste, quando as moléculas quando as moléculas são
esperadas serem pequenas, pode ser usada uma peneira de poros grandes,
uma peneira de poros médios, ou uma mistura das mesmas. Foi constatado
que os macroporos dentro do suporte são especialmente benéficos, porque
ajudam a superar limitações de difusão observadas, quando se utiliza
catalisadores altamente ativos a que faltam esses macroporos.
(71) BP CORPORATION NORTH AMERICA INC. (US)
(72) HILARY E. SCHWARTZ, BRIAN J. HENLEY, JEFFREY T. MILLER,
GEORGE A. HUFF
(74) HUGO DA SILVA ROSA & MALDONADO-PROP .
(85) 25/02/2008
(86) PCT US2006/031959 de 16/08/2006
(87) WO 2007/027435 de 08/03/2007
```

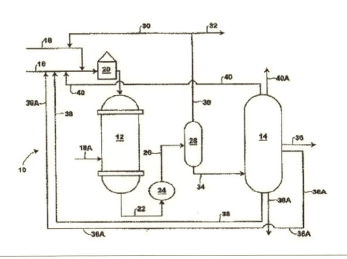

「PI　0615139-6　A2」のうち、「PI」は発明に係る特許出願であることを示し、「0615139」はブラジルの出願番号」、「A2」は、本特許出願が掲載された「IPジャーナル」の発行日が2008年11月11日以降であることを示しています。

(22) 出願日（16/08/2006）

本件ブラジル特許出願の出願日は、国際出願日と同じ2006年8月16日であることを示しています。

(30) 優先権データ（30/08/2005　US　11-215272）

本件ブラジル特許出願は、先の米国特許出願（US2011-215272）を基礎に優先権を主張して米国特許商標庁に出願された国際出願がブラジルの国内段階に移行したものであり、優先権主張の基礎とされた先の米国特許出願の出願日（2005年08月30日）が、本件特許出願の優先日となります。

(51) 国際特許分類（C07C　6/12）

ブラジル特許出願の技術分野は、「C07C　6/12」（再分配反応による異なった数の炭素原子を含有する6員芳香環を含む炭化水素からの炭化水素の製造）であることを示しています。

(54) 発明の名称（キシレンイソメールの製造方法）

(57) 要約（略）

(71) 出願人名（略）

(72) 発明者名（略）

(74) 代理人名（略）

(85) ブラジルへの国内段階移行日（25/02/2008）

期間の起算日としての国際出願の優先日は2005年08月30日であり、優先日から30月満了前の2008年02月25日に国内段階に移行する手続が完了したことを示しています。

(86) 国際出願番号・国際出願日（PCT/US2006/031959　de　16/08/2006）

ブラジル特許出願の基である国際出願は、受理官庁としての米国特許商標庁に2006年08月16日に出願され、出願番号は「PCT/US2006/031959」であることを示しています。

(87) 国際公開番号・国際公開日（WO 2007/027435　de　08/03/2007）

第13章　PCT国際出願によるブラジル特許の取得

　ブラジル特許出願の基である国際出願は、2007年 3 月 8 日にWIPO国際事務局により国際公開番号「WO　2007/027435」として国際公開されたことを示しています。

(b)　ブラジルの国内段階に移行した旨の通知の形態（その 2 ）

　―IPジャーナルNo. 2228号（2013年9月17日）以降―

No. 2228号から、要約と代表図面が掲載されなくなり、下記の書誌事項のみの掲載となりました。

　図 8 は、IPジャーナル2352号（2016. 2. 2 ）に掲載された、PCT国際出願の国内段階移行通知（RPIコード1.3）の例を示したものです。

〔図 8 〕　国際出願がブラジルの国内段階に移行した旨の通知（その 2 ）

（IPジャーナル　No. 2352（2016年 2 月 2 日発行）より）

```
(21) PI 0925035-2 A2
(22) 30/12/2009
(30) 02/07/2009 US 61/222632; 18/08/2009 US 61/234866
(51) G05D 1/00 (2006.01)
(54) DISPOSITIVO DE CONTROLE REMOTE MONTADO EM DEDO,
VEICULO DE MANIPULÇÃO DE MATERIAIS.
(71) Crown Equipment Corporation (US)
(72) Steven R Pulskamp, Jeffry D. Dues, Matthew M. Green, Eugene P.
Horvath, James F. Schloemer, Vemon W. Siefring, Ryan M. Snodgrass, Jesse
Wershing
(74) Momsen, Leonardos & CIA.
(85) 29/12/2011
(86) PCT US09/069839 de 30/12/2009
(87) WO 2011/002478 de 06/01/2011
```

(2)　情報提供

　ブラジルの国内段階に移行した国際出願は国際段階ですでに国際公開されていますので、INPIによって改めて出願公開はされません。

　国内段階に移行した国際出願の場合、国際公開から審査が終了するまで、利害関係者は、サーチレポート、非特許文献、新規性欠如の証拠等、審査に役立つ書類及びデータをINPIに提供することができます（第31条）。

151

(3) 年次手数料

　年次手数料は、特許出願及び特許を対象とした年間手数料であり、特許出願人及び特許権者は、国際出願日の24月後（３年目の最初）に１回目の納付義務が生じ、次回以降は各年の始めの３月以内に納付しなければなりません（第84条(1)(2)）。

　しかし、上記３月の期間がブラジルの国内段階に移行する期限（優先日から30月）の満了前である場合には、ブラジルへの国内段階移行期間満了から３月以内に支払うことができます（第85条）。

　なお、３月の期限満了後であっても、それから６月の間に追加手数料とともに支払うことができます（第84条(2)）。

［年次手数料］（2016年３月現在）

（年次手数料）	（発明）	（実用新案）	（追加発明証）
・初回及び２回目の各年………BRL	295	200	105
・３回目から６回目の各年……BRL	780	405	235
・７回目から10回目の各年……BRL	1,220	805	365
・11回目から15回目の各年……BRL	1,645	1,210	475
・16回目から20回目の各年……BRL	2,005		605

　年次手数料を納付しなかった場合、出願は棚上げされ、又は特許は消滅します。
　しかし、棚上げ又は消滅の通知を受けてから３月以内に特定の手数料を納付し請求することによって回復することができます。

(4) その他の手続について

　審査請求、優先審査、技術審査、拒絶理由については、直接ブラジル特許出願をした場合と同じですので「第７章　審査請求と技術審査（実体審査)」をご参照ください。

第14章

審判

　審判請求がされると少なくとも３名の審査官により審理が行われます。審判部という部署はなく、請求はINPIの長官に対して行い、すべての審判請求についてINPIの長官が決定し、これにより行政上の手続は終了します。したがって、審決に不服がある場合は訴訟を提起しなければなりません。

　ブラジル産業財産法では、当該産業財産法に定めた決定に対して60日以内に審判請求をすることができます。しかし、全ての決定に対して審判請求ができるわけではありません。この章では、審判請求ができる決定と、できない決定について記述します。

第14章

審判

　ブラジル産業財産法では、審判に関する規定は「第7編　総則」の「第1章　審判」（第212条〜215条）に規定されており、特許だけでなく意匠、標章、地理的表示等に共通の規定となっています。

　ブラジル産業財産法では、当該産業財産法に定めた決定に対して60日以内に審判請求をすることができると規定しています。ただし、別段の規定が明示されている決定に対しては、審判請求できません。

　本章では、出願人が最も直面すると思われる拒絶決定を審判請求の対象とした場合について主に説明します。

　また、拒絶決定を含め、審判請求の対象になる決定等について、「6．審判請求の対象」の欄で記述します。

1．審判請求の時期

　拒絶理由通知に対して意見書等を提出しても否定的見解が解消されない場合には、特許出願を拒絶する旨の決定がされます。拒絶決定された場合には、出願人はIPジャーナルに公告された日から60日以内に審判を請求することができます。この請求期間は延長できません（第37条、212条）。

　なお、利害関係人は、審判請求に対する意見書を60日の期間内に提出するようINPIから通知されます（第213条）。

　一方、INPIは、60日以内（延長不可）に審判請求理由を補足するよう出願人に要求することができます。この場合、出願人は意見書及び補正書を提出することができます（第214条）。

155

したがって、実務上は60日の法定期間内に形式的（Pro Forma）に拒絶決定を不服とする審判請求を行い、当該請求日から60日以内に追加主張や証拠を補完することが認められる場合があります（第214条）。

　なお、万が一、IPジャーナルに公告された拒絶決定を見逃してしまい、公告された日から60日以内に審判請求を行わなかった場合、特許出願は放棄されたものとみなされます。この場合の出願の救済措置はありませんので、確実にIPジャーナルをウォッチングして期限管理を行う必要があります。

■審判請求

> **第212条（柱書）**
>
> 　別段の規定が明示されていない場合、本法に規定された決定に対して60日以内に審判を請求することができる。

2．審判請求に必要な書面

　出願人は、審判請求書に加えて補正書を提出することができます。

　審判請求時における補正の要件は、審査請求後における補正の要件と同じです。つまり、審判請求時における補正は権利範囲を限定するものに限られ、新たなカテゴリーの発明を追加することはできません。また、権利範囲を限定する限りにおいて、請求項の数を増やすことは可能です（第32条）。

　なお、審判請求と同時に分割出願することはできません。

　○審判請求料金………BRL　1595（2016年3月現在）。

3．審判請求の審理

　審判請求がされると少なくとも3名の審査官による審理が行われます。なお、日本の前置審査制度のように審査官が再審査することはありません（第212条）。

　審判部には特に名称はなく、請求はINPIの長官に対して行い、すべての審判請求についてINPI長官が決定し、これにより行政上の手続は終了します（第212条(3)）。

第14章 審判

4．審判の結論

（1）拒絶審決

　拒絶理由が解消せず特許を付与できないと判断された場合には拒絶審決が出され、特許出願を拒絶する決定がされます。拒絶審決は行政段階の最終決定であり、これに対して行政段階において不服申立をすることはできません（第215条）。

　したがって、審決に不服がある場合は連邦裁判所に訴訟を提起することができます（第225条）。

（2）特許審決

　審理の結果、拒絶理由が解消したと判断された場合には特許審決が出され、特許出願を承認すべき旨の決定（特許決定）がされます（第215条）。

5．特許の付与

　特許決定後、出願人が所定の手数料を支払い、納付証が提出されると特許証が交付されます。そして、特許を付与する旨がIPジャーナルに公告され（RPIコード16.1）、公告された日に特許が付与されたものとみなされます。手数料の支払い及び納付証の提出は特許決定後60日以内に行う必要があります（第38条）（「RPIコード」については〔序Ⅳ〕参照）。

　　[**手数料の支払期限徒過の場合**] 60日以内に出願人が所定の手数料を納付しなかった場合、期限後30日以内に追加手数料とともに納付することができます。所定の手数料および追加手数料を納付しなかったとき、出願は最終的に棚上げされ、IPジャーナルにその旨が掲載されます（第38条(2)、RPIコード11.4）（「棚上げ」については「序Ⅲ」参照）。

157

6. 審判請求の対象

ブラジル産業財産法では、当該産業財産法に定めた決定に対して審判請求することができます。しかし、すべての決定に対して審判請求ができるわけではありません。以下に、審判請求できる決定と、できない決定について記述します。

(1) 審判請求の対象になる決定
審判請求することのできる決定は以下の通りです。

(a) 特許出願の拒絶決定（第37条）

(b) 方式要件を満たさない特許出願の棚上げ（第21条）

(c) 分割の要件を満たさない分割出願の棚上げ（第26条補項）

(d) 審査請求に際し必要な書類を提出しなかったことによる特許出願の棚上げ（第34条）

(e) 強制ライセンスの付与についての決定（第73条(7)）

(f) 追加発明証の申請の否認（第76条(3)）

(g) 特許の剥奪手続に関する決定（第83条）

⇒(b)～(d)、(f) については、特許出願等の「最終的」棚上げではないため、審判請求することができます。

(2) 審判請求の対象にならない決定
審判請求することのできない決定は以下の通りです。特許出願等が最終的に棚上げされた場合には審判請求できません。

(a) 期間内に審査請求しなかったことによる特許出願の最終的棚上げ（第33条）

⇒出願日から36月の期間内に審査請求しなかった場合には特許出願が棚上げになります。その後、60日以内に特許出願の回復手続をしなかった場合には特許出願は最終的棚上げになり、審判請求できません。

(b) 補正要求の拒絶理由通知に対して応答しなかったことによる特許出願の最終的棚上げ（第36条(1)）

第14章　審判

（c）特許出願の承認後に手数料を納付しなかったことによる特許出願の最終的
　　棚上げ（第38条(2)）

　⇒特許出願の承認から60日の期間内に手数料を納付せず、期間後30日以内に
　　手数料および追加手数料を納付しなかった場合には特許出願は最終的棚上
　　げになり、審判請求できません。

（d）無効手続におけるINPI長官の決定（第54条）

（e）特定の手数料を支払わなかったことによる特許出願の最終的棚上げ及び特
　　許の消滅（第86条）

　⇒年次手数料を支払わなかった場合には特許出願の棚上げ及び特許の消滅と
　　なります。そのような特許出願は、特定の手数料を3月以内に納付するこ
　　とにより回復することができます（第86条、87条）。

　　ただし、特定の手数料を納付しない場合には、特許出願及び特許は最終的
　　に棚上げ又は消滅となり、審判請求できません。

（f）特許出願若しくは意匠登録出願の最終的棚上げ（第212条(2)）

（g）特許出願、追加発明証又は商標登録を承認する決定（第212条(2)）

（h）委任状を提出しなかったことによる特許出願の最終的棚上げ（第216条(2)）

　⇒手続の当事者が最初に手続をした日から60日以内に委任状を提出しなかっ
　　た場合には特許出願は最終的棚上げになり、審判請求できません。

159

第15章

特許権

　INPIの審査官が特許出願を審査し、拒絶理由を発見しなかった場合、特許出願を承認すべき旨の決定（特許決定）がなされ、設定登録料が納付されると、特許を付与する旨が公告され、その公告日に特許が付与されたものとみなされます。

　特許権の存続期間は、発明特許は出願日から20年、実用新案特許は出願日から15年です。ただし、例外的に、存続期間は、特許付与日から起算して、発明特許の場合は10年未満、実用新案特許の場合は7年未満であってはならないと規定されています。

　この章では、さらに特許権の効力及び効力の制限について具体的に記述してあります。

第15章

特許権

　本章では、特許出願が審査によって特許付与が認められた場合に必要な手続、特許権の存続期間、特許権の効力とその制限、特許権の譲渡と登録について解説します。

1．特許の付与と存続期間

（1）特許の付与

　INPIの審査官が発明特許及び実用新案特許出願を審査し、拒絶理由を発見しなかった場合、特許出願を承認すべき旨の決定（特許決定）がなされます（第37条）。

　特許決定の後60日以内に所定の手数料（設定登録料）を納付すれば特許証が交付されます（第38条柱書）。

　この期間内に設定登録料を納付しなかった場合、その後30日以内に追加手数料を納付して追納することができます。しかし、納付しない場合、出願は最終的に棚上げとなります（第38条(2)）。

　設定登録料が納付されると、特許を付与する旨が公告され、その公告日に特許が付与されたものとみなされます（第38条(3)）。

［特許証］

　特許証には、特許番号、発明の名称、保護の種類（発明特許、追加特許証又は実用新案特許）、発明者の氏名（非公開請求があった場合を除く）、特許権者の氏名又は名称及び住所、存続期間の他、明細書、クレーム、図面、優先権に関する事項が掲載されます（第39条）。

163

(2) 特許権の存続期間

特許権の存続期間は、発明特許と実用新案特許で異なります。すなわち、発明特許は出願日から20年、実用新案特許は出願日から15年です（第40条）。

ただし、例外的に、存続期間は、特許付与日から起算して、発明特許の場合は10年未満、実用新案特許の場合は7年未満であってはならないと規定されています（第40条補項）。

したがって、例えば、発明特許の場合において特許付与日が出願日から10年を超えた場合、特許権の存続期間は10年未満になりますが、特許付与日から起算して10年間の存続期間が確保されます。

これは、従来、審査に10年以上を要することも多く、存続期間が短くなってしまう弊害があったことからこれを回避するために設けられた制度です。INPIは審査官を増員し、また、審査能力の向上を図っていますが、増え続ける出願に審査が追いつかず、依然としてこの規定の適用を受ける出願が多いのが現状です。

なお、存続期間の例外規定は、例えば発明特許の場合、INPIによる審査の遅延により特許付与日が出願日から10年を超えた場合に適用され、拒絶の処分に対する訴訟が係属したため、あるいは不可抗力のために出願の技術審査を行うことができなかった場合には適用されません（第40条補項ただし書き）。

■特許権の存続期間

> **第40条**
>
> 出願日から起算して、発明特許は20年、実用新案特許は15年の存続期間を有する。
>
> **（補項）** 出願の審査が訴訟に係属したことにより、又は不可抗力により、INPIが出願の技術審査をすることができなかった場合を除き、特許の存続期間は、特許付与日から、発明特許は10年、実用新案特許は7年を下回ってはならない。

2. 特許権の効力と制限

特許によって付与される保護の範囲（技術的範囲）は、請求の範囲の内容を基

第15章　特許権

準として決定され、明細書及び図面を参酌して解釈されます（第41条）。

（1）特許権の効力

　ブラジルにおいても、特許権は排他的独占権であり、特許権者はその特許発明を排他的独占的に実施する権能が付与されます。すなわち、特許権者は、権原のない第三者が、

　（a）特許の対象である製品、又は

　（b）特許された方法またはその方法により直接得られた製品

を生産し、使用し、販売の申出をし、販売し、又はそれらの目的で輸入することを阻止する権利が与えられます（第42条本文）。

　また、第三者が上記各行為を援助する行為を阻止する権利も与えられます（第42条(1)）。

　さらに、上記（b）に規定された方法特許に係る特許権については、立証責任が侵害者側に転換され、製品の所有者又は所持者が、特許方法とは異なる方法によって製品を製造していることを裁判で立証できなかった場合、方法特許の侵害と扱われます（第42条(2)）。

■**特許権の効力**

第42条

　特許権者は、第三者が、その同意なく、以下のものを製造し、使用し、販売の申出をし、販売し、また、これらの目的で輸入することを阻止する権利を有する。

　Ⅰ　特許に基づく製品

　Ⅱ　特許方法、又は特許方法により直接得られた製品

　(1) 特許権者は、他人が本条に規定する行為をするのを第三者が助長することを阻止する権利をも有する。

　(2) Ⅱに規定する方法特許の権利は、製品の所有者又は所持者が、特許によって保護されたのとは異なる方法で得られたことを裁判所の具体的な決定によって証明することができなかった場合は、侵害されたものとする。

165

(2) 特許権の効力の制限

以下の場合には、特許権の排他的独占の効力は及びません（第43条）。

(a) 許可を得ていない第三者が、私的に、かつ、商業目的でなく行う行為。ただし、当該行為が特許権者の経済的利益を損なわないことを条件とする（第43条Ⅰ）。

⇒特許は業としての実施を独占できる権利であるため、特許権者の経済的利益が損なわれない限り、私的、かつ、非営利目的の実施行為は効力の及ぶ対象としないことを明定したものです。したがって、純然たる個人的、家庭内での実施行為は、特許権者の経済的利益を損なわなければ特許権侵害とはなりません。

(b) 許可を得ていない第三者が、調査、科学的もしくは技術的研究に関連して、実験の目的で行う行為（第43条Ⅱ）。

⇒調査研究は技術の進歩発展に資するため、このような規定が設けられました。この規定は、日本特許法第69条第1項に相当する規定です。

(c) 個別の症例について、資格を有する専門家が医師の処方に従って行う医薬品の調合、及びそのようにして調合された医薬品（第43条Ⅲ）。

⇒個別の患者に対する医薬品の調合については、医師が処方箋を作成する際に、その都度その調合方法が特許権と抵触するか否かを判断するのが困難である等の理由により、このような規定が設けられています。この規定は、日本特許法第69条第3項に相当する規定です。

(d) 方法特許又は製品特許によって製造され、特許権者により直接に又は特許権者の同意を得て、国内市場に出された製品（第43条Ⅳ）。

⇒特許発明の実施品を第三者が国内市場で流通販売することについて特許権者が同意している場合は、そのような行為に特許権の効力は及ばないことを規定しています。正規の特許品を第三者が販売する行為の適法性を肯定する法的構成については、日本においても消尽論等の議論がありますが、ブラジルではそのような議論は本規定によって立法的に回避されています。

(e) 生命体物質に係わる特許の場合であって、経済的意図を有さず、他の製品を取得するための変種又は増殖の出発物質として特許製品を使用する第三者

第15章　特許権

（第43条Ⅴ）。

（f）生命体物質に係わる特許の場合であって、特許権者又は実施権者により適法に商業化された特許製品を使用し、流通させ又は販売する第三者。ただし、特許製品が当該生命体物質の商業的増殖のために使用されないことを条件とします（第43条Ⅵ）。

　⇒（e）（f）は生物関連特許について改良特許を促進するための規定です。

（g）許可を得ていない第三者が特許発明に関してなす行為であって、特許の存続期間満了後に特許製品の利用及び商業化をするために、ブラジル又は外国において商業登録をするための情報、データ及び試験結果を提供することのみをその目的としているもの（第43条Ⅶ）。

　⇒この規定は2001年に追加されたものです。特許の存続期間満了後にその実施品を販売するためのデータ等を作成するためのみに特許発明を実施する行為には特許権の効力は及びません。典型的な例としては、後発医薬品の製造販売の許可申請を目的とするデータ収集のためにのみ行う実施行為等は侵害とならないことになります。

3．特許権の譲渡及び登録

（1）特許権又は特許出願の譲渡

　特許権は財産であり、その財産的価値を利用するため、特許権者は特許権の全部又は一部を第三者に譲渡することができます（第58条）。

　また、権利化される前の特許出願も同様に全部又は一部譲渡が可能です。

（2）登録

　特許権が譲渡された場合、INPIは、譲渡に関して、譲受人の氏名又は名称及び住所等の情報が登録されます（第59条Ⅰ）。

　登録は、その公告の日から第三者に対して効力を有します（第60条）。

　特許権の譲渡のほかにも、特許に課せられている制限又は負担（例えば担保権が設定されている場合など）、及び特許権者や特許出願人の氏名・名称、住所や

167

本拠地が変更された場合も同様に登録し公告します（第59条Ⅱ、Ⅲ）。

リオ・デ・ジャネイロの裁判所庁舎

第16章

ライセンス

　産業財産法は、特許のライセンス（実施許諾）として任意ライセンスと強制ライセンスの規定を設けています。
　この章では、任意ライセンスの契約締結、登録、登録の効果について記述し、強制ライセンスについては、種類、付与されない場合、その効果と実施について記述しています。
　また、特許権者がINPIに登録し、INPIが公告することにより、発明の実施を希望する者に広くライセンス許諾の用意があることを申し出る実施許諾用意制度の要件、効果等について記述しています。

第16章

ライセンス

　ブラジル産業財産法は、特許権者以外の第三者が特許発明等を実施することができるよう、特許のライセンス（実施許諾）について任意ライセンスと強制ライセンスの規定を設けています。

１．任意ライセンス

　任意ライセンスとは、特許の財産的利用を図るため、権利者が第三者に対し任意に付与するライセンスです。任意ライセンスは特許付与後のみならず、日本の仮実施権と同じく特許出願中でも可能であることが条文上規定されています。

（1）ライセンス契約の締結

　特許権者又は出願人は、ライセンス契約を締結することができます。すなわち、出願段階でもライセンスを許諾できます（第61条）。

　ライセンスの内容は排他的なものであっても非排他的なものであっても当事者間の契約で自由に定めることができます。日本の専用実施権は、特許権者をも排除できる排他的独占権ですが、世界的にみても特異な制度であり、ブラジルではこれに相当する権利は法定されていません。

　また、特許権者は、ライセンシーに対し、特許を防御するための措置を講じる一切の権限を付与することができます（第61条補項）。

　したがって、契約により、特許権侵害に対する差止請求権もライセンシーが行使できるようになります。

　ライセンスの対象とされている特許に導入された改良は、当該改良を行った当

171

事者に帰属するものとし、相手方当事者は改良についてライセンスを受ける優先権を有します（第63条）。

　すなわち、ライセンシーが改良した場合、ライセンサーである特許権者はその改良発明について優先的にライセンスを受けることができることになります。

(2) 特許権が共有に係る場合

　この場合は、一般的な有体物についての財産権の共有と同様に、ブラジル民法の規定に従います。すなわち、各共有者は他の共有者の同意を得ずに発明を実施することができます（ブラジル民法第1314条）。

　しかし、共有持分の譲渡には、他の共有者の同意が必要です。これらは日本の取扱いと同じです（ブラジル民法第1314条補項、日本特許法第73条）。

　共有特許のライセンス付与については、排他的ライセンスも非排他的ライセンスも他の共有者の同意が必要と解されます。他の共有者の同意のないライセンス許諾は無効であるという判例があります。

(3) ライセンス契約の登録

　ライセンス契約が第三者に対して効力を生じるためには、INPIにライセンス契約を登録しなければなりません。独占的ライセンスか非独占的ライセンスかにかかわらずINPIの登録を受けなければ効力は生じません（第62条）。

　ライセンス契約自体はINPIに登録しなくても当事者間では有効ですが、第三者に対する効力は登録しなければ生じません。すなわち、ライセンス契約の登録は第三者対抗要件ということになります。

　登録は、その公告の日から第三者に対して効力を有します。ただし、単なる実施証明のためには、ライセンス契約をINPIに登録する必要はありません（第62条(1)(2)）。

(4) 登録の効果

　ライセンス契約のINPIへの登録は第三者対抗要件となります（第62条）。

　ライセンスを登録しない場合の制裁は特に定められていませんが、「第三者」

第16章　ライセンス

にはブラジルの官公庁も含まれます。ブラジルでは、外資法や所得税法の規定により、ライセンスの対価すなわちロイヤルティを海外に送金したり、所得税控除を受けるにはライセンス登録が要件とされています。このため、登録をしない場合、ロイヤルティの送金ができず、また、所得税控除を受けられないという、事実上の不利益が生じます。

　したがって、日本の企業がブラジルの特許についてライセンスを付与してロイヤルティを受け取るには登録が必須という点に留意が必要です。

■ライセンス契約の締結

> **第61条**
> 　特許権者又は出願人は、実施のためのライセンス契約を締結することができる。
> **（補項）** ライセンシーは、特許権者から、特許を守るためのあらゆる権限の授
> 　与を受けることができる。

２．実施許諾用意

（1）実施許諾用意とは

　実施許諾用意とは、特許権者がINPIに登録しINPI IPジャーナルに公告することにより特許発明の実施を希望する者に広くライセンス許諾の用意があることを申し出ることで、特許発明の実施の開拓を図り、特許の流通を活発にすることを目的とします。特許権者にとっては当該特許について第三者へのライセンス許諾を拒否しないことを宣言することにより維持年金が半額に減額されるというメリットがあります。ブラジル産業財産法が模範としたドイツ特許法等、いくつかの国の特許法で定められているものと基本的には同じ趣旨です。

　ただし、ブラジルにおける実施許諾用意はあまり利用されていません。

（2）実施許諾用意の要件

　特許権者は、INPIに対し、その特許の実施許諾用意を進めるよう求めることができます（第64条）。

173

特許権者は実施料その他の実施条件、支払条件、ライセンスの範囲、ノウハウの利用可能性及び技術的支援といった固有の契約条件を示して実施許諾用意の旨をINPIに要請します（NA8.4.1）。

　これによりINPIは、少なくとも半年に一度、当該許諾用意を公告し、その特許の実施を望む者に実施許諾をすることができます（第64条(1)、NA8.6）。

　INPIは第三者から要求があった場合、契約条件書の完全な写しを付与し、特許権者にその旨通知します。特許権者は当該通知から60日以内に交渉の進展についてINPIに報告しなければならず、報告がない場合INPIは実施許諾用意を中止したものと判断し、特許権者は特許年次手数料の減額を受けることができなくなります。ただし、この60日の期間は最大180日まで延長できます（NA8.7、NA8.7.1）。

〈追加発明証の場合〉

　追加発明証が特許に付随している場合、ライセンスが提供される特許に伴うものとし、分離して提供することはできません（NA8.3）。

(3) 実施許諾用意の効果

　実施許諾用意の対象である特許に対しては、許諾用意の申出から最初のライセンス許諾までの期間について、その年金は半額に減額されます（第66条）。

　特許権者は、関係当事者が許諾用意の条件を明示的に受諾するまでは、何時でもその許諾用意を取り下げることができますが、取り下げた場合には年金は減額されません（第64条(4)）。

　また、特許権者が交渉の進展についての報告をINPIにせず、許諾用意を中止したものとみなされた場合も年金は減額されません。

　INPIが第三者による特許利用に関するライセンス契約の条件を承認することを明示的に表明した場合、特許権者は実施許諾用意を停止することができません（NA8.8）。

　なお、排他的任意ライセンスが締結されている特許は、実施許諾用意の対象とすることができません。すでに排他的ライセンスを受けているライセンシーの利益を害するからです（第64条(3)、NA8.1）。

第16章　ライセンス

　また、ライセンスはINPIに登録しなければ第三者に対抗することができない
ことは前述の通りですが、排他的任意ライセンスについては、特許権者が当該実
施許諾用意の申出を取り下げない限り、INPIに登録することができません（第
64条(2)）。

　非排他的ライセンスに関してはそのような制限はありませんが、すでに非排他
的ライセンスが許諾されている特許について実施許諾用意を申し出ても年金が半
額となることはありません。

　特許権者は、関係当事者が許諾用意の条件を明示的に受諾するまでは、何時で
もその許諾用意を取り下げることができます。しかし、取り下げた場合は、許諾
用意の申出から最初のライセンス許諾までの期間についての年金が減額される第
66条の規定の適用はありません。

　実施許諾用意がIPジャーナルに公告されてから２年以上の期間、その更新を行
わない場合、実施許諾用意を中止したものと判断され、更新の可能性を失い、年
次手数料の減額を受けることができなくなります（NA8.10.1）。

（4）裁定

　実施許諾用意に基づくライセンスについて、特許権者とライセンシーとの間で
対価について合意が成立しなかったときは、両当事者はINPIに対しその対価の
裁定を求める申請をすることができます（第65条）。

　申請に対して異論が出されたときは、INPIは、委員会の設置を含めて必要な
調査を行い、特許権者に支払う対価を裁定で定めることができます（第65条(1)
で準用する第73条(4)）。

　ここで、裁定の対象となるのは対価のみであり、実施範囲は裁定の対象ではあ
りません（第65条）。

　また、対価が設定されてから１年が経過したときは、それを改訂することがで
きます（第65条(2)）。

（5）解除

　特許権者は、ライセンシーが許諾日から１年以内にライセンスの有効な実施を

175

開始しなかった場合、実施が１年を超える期間中断された場合、又は実施条件が満たされなかった場合は、ライセンスの解除を請求することができます（第67条）。

３．強制ライセンス

ブラジルにおいても、パリ条約及びTRIPS協定に従って強制ライセンスの制度が規定されています。強制ライセンスとは、特許権者による排他的権利の行使から生じる弊害を防止するため、公権力が特許権者の意思に反してでも第三者に実施の権限を付与するライセンスをいいます。

（1）強制ライセンスの種類
（a）権利の濫用又は権利の使用による経済力の濫用による強制ライセンス

特許権者が特許によって得られた権利を濫用したこと、又は、その権利を使用して経済力を濫用したことが、行政上若しくは司法上の決定によって証明された場合は、特許権者は、その特許に関して強制ライセンスが付与されることに従わなければならなりません（第68条）。

経済力の濫用を事由とする強制ライセンスが付与されたときは、国内製造をしようとするライセンシーに対しては、ライセンスの付与を受けたときから１年以内に限り、ライセンス対象物の輸入を認めるものとします。ただし、特許権者により直接又はその同意を得て国内市場向けにライセンス対象物が投入されていたことを条件とします（第68条(3)）。

（b）不実施による強制ライセンス

①特許製品を製造せず若しくは不十分に製造することにより、又は特許方法を完全に使用しないことにより、特許対象がブラジル国内において実施されない場合は強制ライセンス付与の事由となります。ただし、実施が経済的に実行不可能な場合は対象外となり、その場合は輸入を認めます（第68条(1)（Ⅰ））。

②また、商業化が、ブラジル市場の需要を満たす程度に行われていない場合も強制ライセンス付与の事由となります（第68条(1)（Ⅱ））。

第16章　ライセンス

特許を実施するための輸入及び経済力の濫用を事由として付与された強制ライセンスの対象物を輸入する場合は、第三者に対しても、方法特許又は製品特許により製造された製品を輸入（並行輸入）することが認められます。ただし、その製品が特許権者により又はその同意を得て国内市場に投入されていることを条件とします（第68条(4)）。

不実施による強制ライセンスは、特許付与から3年が経過するまでは、申請することができません（第68条(5)）。

(c) 従属特許における強制ライセンス（第70条）

特許の実施が必然的に先の特許対象の実施に依存しているとき従属特許とみなされます。ここにいう従属特許とは、その発明を実施すると第三者の特許も実施することになる関係になる特許をいい、日本の利用特許に相当するものです（第70条(1)、日本特許法第92条）。

以下の全ての条件に該当するときに強制ライセンスが付与されます。

ⅰ）一の特許が他の特許を利用しているという事情があること

ⅱ）従属特許の対象が先の特許に対して、実質的な技術的進歩を構成していること

ⅲ）先の特許の特許権者が従属特許の特許権者との間で、先の特許の実施に関する合意に達していないこと

第70条の規定により、ライセンス付与が行われた特許権者は、従属特許について強制ライセンスを取得する権利を有するものとします（第70条(3)）。

(d) 国家緊急事態又は公共の利益に係る強制ライセンス（第71条）

連邦行政権の決定により、国家緊急事態又は公共の利益に係わる事態であると宣言された事情において、特許権者又はライセンシーがそれに係わる必要を満たさないときは、職権により、その特許を実施するための一時的かつ非排他的強制ライセンスを付与することができます。これは特許権者又はライセンシーの権利を損なわないことを条件とします。

ブラジルでは、2007年に、本条に基づいて、HIV治療薬について強制ライセンスが発動されたことがあります。安価な医薬を販売することによって国民の生命を保護する目的で行われたといわれています。

177

(2) 強制ライセンスが付与されない場合

強制ライセンスは、特許権者がその申請の日に以下のいずれかの事実を証明したときは付与されません（第69条）。

ⅰ）不使用が正当な理由に基づいていること

ⅱ）実施のための真剣かつ有効な準備をしていること

ⅲ）製造又は販売の実施が法的性質の障害によるものであること

(3) 強制ライセンスの付与を求める手続

強制ライセンスの付与を求める者は、特許権者に申し入れる条件を表示した申請書を提出します（第73条）。

ライセンス申請書が提出されたときは、特許権者は60日以内に意見書を提出することができます（第73条(1)）。

当該期間内に、特許権者が意見書を提出しないときは、申請者の申出は申請条件に基づいて受理されたものとみなされます（第73条(1)）。

証明責任は、(a) 権利の濫用又は権利の使用による経済力の濫用を主張する場合は申請人が証明書類を提出し、(b) 不実施による強制ライセンスが申請された場合は、特許権者が実施の証明をしなければなりません（第73条(2)(3)）。

申請に対して、異論が出されたときは、INPIは、委員会の設置を含めて必要な調査を行い、特許権者に支払う対価を裁定することができます。当該委員会にはINPIに属さない専門家を含めることができます（第73条(4)）。

連邦、州又は地方自治体の、直接又は間接に行政に携わっている機関及び団体は、対価の裁定に資するために要求される情報をINPIに提出しなければならず、対価を裁定するときは、個々の事件の事情を考慮し、付与されるライセンスの経済的価値を必ず考慮しなければなりません（第73条(5)(6)）。

INPIは証拠を収集した後、60日以内に強制ライセンスの付与及び条件を決定します（第73条(7)）。

強制ライセンスを付与した決定に対する不服審判請求は決定の停止効果を有しません（第73条(8)）。

第16章　ライセンス

(4)　強制ライセンスの効果と実施

強制ライセンスは、常に非排他的ライセンスとして付与され、サブライセンスを付与することは認められません（第72条）。

これはパリ条約第5条(A)(4)（不実施・不使用に対する措置）における「強制的に設定された実施権は排他的なものであってはならない」との規定に基づくものです。

正当な理由がある場合を除き、ライセンシーはライセンスの付与を受けたときから1年以内に特許対象の実施を開始しなければならず、また、これと同じ期間（1年）の中断が認められるものとします（第74条）。

本条の規定が守られなかったときは、特許権者はライセンスの解除を要求することができます。

ライセンシーは、侵害差止請求権等、特許を防御する措置を講じる一切の権限を与えられるものとされます（第74条(2)）。

(5)　強制ライセンスの譲渡

強制ライセンスが付与された場合、当該ライセンスの移転は原則として認められませんが、事業体の内のそのライセンスを実施している部門の移転、譲渡又はリースと共にする場合に限って、認められます（第74条(3)）。

(6)　強制ライセンスの取消

正当な理由がある場合を除き、ライセンシーがライセンスの付与を受けたときから1年以内に特許対象の実施を開始しないときは、特許権者はライセンスの取消を要求することができます（第74条(1)）。

179

第17章

特許の無効手続

　無効手続には、INPIにおいて行う「行政上の無効手続（無効審判）と、ブラジル連邦裁判所において行う「司法上の無効手続（無効訴訟）の2通りの方法があります。

　行政上の無効手続における無効理由は、産業財産法で明確に規定されています。無効請求は請求項ごとに行うことができ、一部無効の請求をすることができます。行政上の無効手続の決定は、行政段階の最終的判断となり、決定に不服を有する者は連邦裁判所に訴訟を提起することができます。

　司法上の無効手続における請求理由は行政上の無効理由と同じです。なお、行政上の無効手続の請求期間は特許付与後6月以内ですが、司法上の無効手続の請求は特許の存続期間中はいつでも請求することができます。

第17章

特許の無効手続

　本来は排他的独占権が付与されるべきではないにも関わらず、審査の過誤等により特許が付与された場合、瑕疵のある特許の効力を失わせるため、ブラジル産業財産法は、無効手続に関する規定を設けています。

１．ブラジルにおける無効手続の概要

（1）無効手続の方法

　無効手続には、INPIにおいて行う「行政上の無効手続（Administrative Nullity Action)」（無効審判）と、ブラジル連邦裁判所において行う「司法上の無効手続（Nullity Trial)」（無効訴訟）の２通りの方法があることがブラジル特許制度の大きな特徴です（第49条）。

　無効理由については、産業財産法の規定する要件に違反して付与された特許は無効であると包括的に規定されており、いわゆる後発的無効理由については、条文上の規定は設けられていません（第46条）。

　無効請求は請求項ごとに行うことができ、一部無効の請求をすることができます（第47条）。

　これらの２通りの無効手続は、それぞれ請求の要件が異なるため、両者の特徴を理解した上で使い分けをすることが実務的には重要です。

（2）行政上の無効手続と司法上の無効手続の相違点

　両者の最大の相違点は、無効を請求できる期間であり、行政上の無効手続（無効審判）は特許付与後６月以内に請求しなければなりませんが、司法上の無効手

183

続（無効訴訟）は特許の存続期間中はいつでも請求することができます。したがって、行政上の無効手続ができる期間を超えた場合は司法上の無効手続を請求しなければなりません。

特許付与後6月以内であれば、いずれの無効請求もできます。その場合は、「侵害警告を受けている」等、特許を無効とすることに緊急性があるか否かを検討する必要があります。

緊急性がある場合は、司法上の無効手続を請求する方が、特許の効力を停止する仮処分を要求することができるため、より効果的と考えられますが、緊急性がない場合には行政上の無効手続を請求するのが実務上一般的と考えられます。

なお、行政上の無効手続期間中に、理論上、司法上の無効手続を請求することも可能であるため、両者を並行して請求することができます。

しかしながら、両者は判断主体が異なることから矛盾した結論が出るのを避けるため、実務上は、行政上の無効手続の進行をINPIが中止する場合が多いようです。

次に、それぞれの無効手続について記述します。

2．行政上の無効手続（無効審判）

（1）無効理由

産業財産法は、行政上の無効請求の理由を次のように規定しています（第50条）。

① 産業財産法の定める要件を満たしていない。

② 明細書及び請求の範囲の記載要件を満たしていない。

⇒すなわち、明細書及び請求の範囲が、実施可能な程度に明確かつ十分に開示されておらず、及び、請求の範囲が明細書によって十分にサポートされていない（第24条、25条）。

③ 特許の保護の対象が出願時の内容を超えている。

⇒例えば、補正により出願時の開示の範囲を超えた新規事項が追加補正されたにもかかわらず、そのまま特許が付与された場合。

④ 出願手続及び審査の間において、特許付与に不可欠な本質的手続のいず

れかが行われなかった。

条文上の無効理由は以上の４種類です。ただし、産業財産法の規定する要件が満たされていないという上記①の理由が、その他の無効理由も含む総括規定となっています。

(2) 請求人適格

行政上の無効手続は、利害関係人の請求に基づいて開始されます。ただし、日本とは異なり、INPIが特許に瑕疵のあることを自ら知った場合には職権によって無効手続を開始することも認められています（第51条）。

(3) 請求時期

行政上の無効手続は、特許付与から６月の期間内に請求しなければなりません（第51条）。

この６月の期間は延長できません。日本の特許無効審判制度とは異なり請求期間が短期であり、６月の期間経過後は司法上の無効手続しかできなくなります。

(4) 無効請求の手続

行政上の無効手続は、日本のように審判官の合議体が審理して判断を行うのではなく、INPIの審査官によって行なわれます。

行政上の無効手続が請求されると、特許権者は60日以内に答弁書を提出する機会が与えられます。なお、この期間が延長されることはありません（第52条）。

上記60日の答弁書提出期間経過後、答弁書が提出されたか否かにかかわらず、INPIは見解書を発し、請求人及び特許権者に対して60日以内に意見書を提出するよう通知します。なお、この期間が延長されることはありません（第53条）。

INPIの見解書に対する60日の意見書提出期間経過後、当事者から意見書が提出されたか否かにかかわらず、INPI長官名で決定が行われ、これによって行政上の無効手続は終了します（第53条）。

(5) 無効の宣言

特許が無効であると認定されると、無効が宣言されます（第50条柱書）。

無効の効力は出願日に遡及するため、その特許は最初から存在しなかったものと扱われます（第48条）。

また、一旦開始された無効手続は、その手続中に特許が消滅した後も続行され、決定が下されます（第51条補項）。

(6) 行政上の無効手続の決定に対する不服申立て

行政上の無効手続の決定は、行政段階の最終的な判断となります。このため、決定に不服を有する者は、連邦裁判所に訴訟を提起することができます。訴訟を提起できるのは、当該決定から5年以内です。

■行政上の無効手続

第50条

以下の場合、特許の無効が行政上宣言される。

Ⅰ　法定の要件のいずれかが具備されなかった場合

Ⅱ　明細書及び請求の範囲が、第24条（明細書記載要件）及び第25条（請求の範囲記載要件）の規定をそれぞれ具備していないこと

Ⅲ　特許の保護の対象が、当初の出願内容を超えて拡張されていること、又は

Ⅳ　出願手続中に、特許の付与に不可欠ないずれかの方式が欠如したこと

■無効手続

第51条　無効手続

無効手続は、職権により、又は正当な利益を有する者の請求により、特許の付与から6月以内に開始することができる。

（補項） 無効手続は、特許が消滅しても継続する。

第17章　特許の無効手続

3．司法上の無効手続（無効訴訟）

（1）無効理由

　司法上の無効手続における無効理由は、行政上の無効手続における無効請求理由と同じです。

（2）請求人適格

　司法上の無効手続も、行政上の無効手続と同様、利害関係人又はINPIが訴訟を提起して開始されます（第56条）。

（3）請求時期

　司法上の無効手続は特許存続期間中いつでも請求することができます（第56条）。

　また、日本の特許法第104条の3と同様の趣旨で、特許権侵害訴訟の被告は、当該侵害訴訟において抗弁として特許の無効を主張することができます（第56条(1)）。

　なお、前述のように、侵害訴訟における無効の抗弁が認められても当事者間で相対的効力を生ずるにとどまり、特許が対世的に無効とされるわけではありません。この点は日本と同様です。

（4）無効請求の手続

　司法上の無効手続は、ブラジルの連邦裁判所に対して訴訟を提起することによって行います（無効訴訟）。INPIが自ら原告とならない場合、すなわち利害関係人が訴訟を提訴した場合は、INPIはその訴訟に参加することが義務づけられています（第57条本文）。

　無効訴訟が提起されると、裁判所は特許権者に対し60日以内に答弁書を提出する機会を与えます（第57条(1)）。

　その後、裁判手続において双方が攻撃防御を行い、判決が言い渡されます。判決に対する上訴が可能であることは通常の訴訟手続と同様です。判決が確定した

187

場合は、INPIが公告して第三者に判決内容を知らせます（第57条(2)）。

（5） 無効の判決

連邦裁判所が特許は無効であると認定すると、特許無効の判決が言い渡されます。裁判官は、手続要件が満たされていることを条件として、特許の効力停止を命ずる予防的又は付随的措置を行うことができます（第56条(2)）。

この予防的又は付随的措置を行うことができることにより、司法上の無効請求手続は、侵害訴訟を提起された者から特許権者に対する強力な対抗措置となり得えます。また、特許権者から侵害の警告を受けている第三者にとっても、自らを防御し、特許権者に対する反撃の方策として効果的な手段となり得ます。

司法上の無効手続によって特許無効の判決が確定したときは、INPIは、その旨を第三者に告示するために公告します（第57条(2)）。

（6） 無効請求と侵害訴訟の関係

特許権者が、侵害者に対して権利行使するために侵害訴訟を裁判所に提起した場合、あるいは侵害警告をした場合、当該侵害者から防御措置として無効請求をされる可能性があります。

この場合、無効請求の結論が出るまで侵害訴訟の手続の中止を申し立てることが考えられます。しかし、中止するか否かは裁判所の裁量によるところであり、仮に侵害訴訟手続が中止された場合は、実質的に権利行使は困難になると思われます。

逆に、ブラジルで特許権侵害訴訟を提起され、それに対して無効請求をして特許権者に反撃しようとする場合は、侵害訴訟手続の中止申立をしておくことが望ましいといえます。なぜなら、申立てにより訴訟手続が中止されるとは限りませんが、特許に無効理由があるとの心証を担当裁判官に与える余地があるからです。

第17章　特許の無効手続

■司法上の無効手続

第56条

　司法上の無効訴訟は、INPI又は正当な利害関係人が、特許期間中いつでも提起することができる。

　(1) 特許の無効は、抗弁としていつでも提出することができる。

　(2) 裁判官は、予防的又は付随的な措置として、特許の効力を一時的に停止する旨の決定をすることができる。ただし、関連する手続的要件を具備することを条件とする。

■無効訴訟の提起

第57条

　無効訴訟は連邦裁判所に提起し、INPIは、原告でないときは訴訟に参加する。

　(1) 被告の応答期限は60日とする。

　(2) 無効訴訟の判決が確定したら、INPIは公告して第三者に告知する。

第18章

特許権の侵害

　特許権侵害行為に対しては、民事訴訟法による民事的救済、刑事訴訟法による刑事的救済を求めることができます。

　特許権侵害の民事訴訟は私人間の紛争であるため、州裁判所に提起します。管轄裁判所は原則として被告（侵害被疑者）の所在地を管轄する州裁判所となります。ただし、損害賠償請求を含む場合は原告（特許権者）の所在地を管轄する州裁判所に提起することもできます。

　刑事裁判を通じて侵害者に刑事罰を与えることにより侵害からの救済を求めることができます。

第18章

特許権の侵害

　排他的独占権である特許権の実効性を担保するには、特許権者は、第三者が特許権者の許可なく特許発明を実施すること、すなわち特許権侵害行為を阻止することができる必要があります。このため、ブラジル産業財産法は、特許権侵害について民事的及び刑事的な措置について種々の規定を設けています。

1. ブラジルにおける産業財産権侵害に係る規定の概要

(1) 産業財産権侵害の規定
　ブラジル産業財産法では、特許、意匠、商標等の産業財産権の侵害行為の定義が刑事罰とともに「第5編　産業財産権の侵害」に規定されており、特許権侵害に関してはその第1章に規定されています（第183条〜第186条）。
　一方、民事的には、特許権の効力を規定しており、特許権者は第三者が特許権者の同意なく特許製品等を製造販売等する行為、すなわち特許権侵害行為を阻止する権利を有する旨定めています（第42条）。
　ただし、例外として、許可を得ていない第三者が、調査、科学的もしくは技術的研究に関連して、実験で行う行為等には、特許の排他的独占の効力は及ばない旨を規定しています（第43条）。

(2) 民事責任及び刑事責任の追及
　産業財産権の侵害行為に対する民事責任及び刑事責任の追及は直接的にはブラジルの民事訴訟法及び刑事訴訟法に基づいて行われることは日本と同様であり、このことは、産業財産法第5編の「第7章　通則」に規定されています（民事訴

訟について第207条、刑事訴訟について第200条)。

上記「通則」には他に、損害賠償額の算定方法や刑事罰の加重軽減、侵害品の捜索・押収、侵害品の税関での差押、営業秘密保護、仮処分命令等、産業財産権に特有の規定が設けられています(第208条、210条、196条、197条、201条等)。

このように、ブラジル産業財産法は、侵害に対する民事的責任と刑事的責任とを厳密に峻別することなく混在させて規定しています。

2. ブラジルにおける特許権侵害の規定

(1) 特許権を侵害する行為

ブラジル産業財産法第183条〜186条は特許権侵害に対する罪を規定し、特許権侵害行為の類型を示しています。特許権侵害(発明特許及び実用新案特許)を構成する行為は以下の通りです。

(a) 特許権者の許可を得ることなく、発明特許又は実用新案特許の対象である製品を製造すること(第183条(Ⅰ))

⇒特許製品の無断製造という物の発明特許についての典型的な侵害行為。

(b) 特許権者の許可を得ることなく、発明特許の対象である手段又は方法を使用すること(第183条(Ⅱ))

⇒方法発明についての典型的な侵害行為です。

(c) 発明特許もしくは実用新案特許を侵害して製造された製品、又は特許を受けた手段若しくは方法により取得された製品を輸出し、販売し、販売のために展示もしくは申出をし、経済目的で使用するために貯蔵し、隠匿し又は受領すること(第184条(Ⅰ))

⇒特許権侵害品の輸出、販売、販売のための展示等をする行為を侵害行為としました。侵害品の貯蔵、隠匿、受領も、経済目的がある限り侵害行為とされます。

(d) 上記(c)に規定した目的のために、ブラジルにおいて発明特許もしくは実用新案特許の対象となっている製品又はブラジルにおいて特許を受けた手段又は方法により取得された製品であって、特許権者により直接に又は

その同意を得て外国市場に出されたものではないものを輸入すること（（第184条（Ⅱ））。

⇒外国で無許可の第三者によって製造等された特許製品は本来ブラジル特許の効力が及ばないが、ブラジルに輸入された場合は侵害行為とされます。

（e）特許製品の部品又は特許方法を実施するための材料若しくは器具を供給すること。ただし、部品、材料又は器具の最終的使用によって、必然的に特許対象が実施されるようになることを条件とする（第185条）

⇒日本の間接侵害に類する規定であり、特許権侵害の幇助行為をも侵害として侵害阻止の実効性を担保するものです。

（f）上記（a）〜（e）に規定した行為は、それが特許クレームの全てに係わるものでない場合であっても、又は特許対象と同等の手段の使用に限られている場合であっても、侵害を構成するものとする（第186条）

⇒本規定は請求の範囲の構成要件の一部を具備しない場合であっても侵害とする、いわゆる均等侵害についての規定です。本規定の文言によれば均等侵害の成立範囲は日本の判例による解釈よりも広汎に認められることになります。

（2）侵害の救済措置

特許権侵害行為に対しては、民事訴訟法による民事的救済、刑事訴訟法による刑事的救済を求めることができます（第207条、第200条）。

一般的に、特許権者が、侵害行為の差止と共に損害賠償をも請求する場合は民事的救済による解決が有効であり、損害賠償を請求せず迅速な侵害差止を求める場合は刑事的救済による解決の方が有効です。また、民事的救済と刑事的救済を同時に求めることもできます（第207条）。

日本では、特許権侵害が刑事事件となることはほとんどありませんが、ブラジルでは刑事上の措置も通常の救済手段として利用されています。

しかしながら、法的措置を開始する前に、侵害者に対して警告状を送付するのが一般的です。これにより比較的簡単かつ低廉な費用で、侵害行為を止めることができる場合もあります。

195

警告状は、証書及び書類登記局（The Registry of Titles and Deeds）もしくは裁判官が任命した執行官を通じて、司法手続の一環として送付することもできますが、当該警告状送付にもかかわらず侵害行為が継続された場合は、侵害行為発生日から5年以内に司法手続を取らないと損害賠償金を得ることができなくなるリスクがあります。

また、警告状送付後しばらく放置しておくと正式な権利行使の手続を怠ったと判断され、仮処分申立が認められにくくなるリスクもあります。

さらに、警告状の送付によって、侵害者へ侵害証拠品を隠匿する時間を与えるリスクもあります。

警告状の送付はその後の法的救済手続開始の必須要件ではないため、警告状を送付するか否かは、上記リスクがあることを踏まえた上で慎重に判断する必要があります。

3．民事上の救済

特許権侵害者に対し、特許権者は民事訴訟法に従って自己が適切とみなす民事訴訟を提起することができます（第207条）。

特許権侵害の民事訴訟は私人間の紛争であるため、州裁判所に提起します。管轄裁判所は原則として被告（侵害被疑者）の所在地を管轄する州裁判所となります。ただし、損害賠償請求を含む場合は原告（特許権者）の所在地を管轄する州裁判所に提起することもできます（ブラジル民事訴訟法第94条）。

この点で、連邦裁判所に提起される特許の無効訴訟とは異なります。

民事訴訟においては、特許権者は、日本と同様に侵害行為の差止、損害賠償、侵害品の捜索・押収・廃棄を請求することができます。損害賠償請求権は産業財産法に規定されています（第209条本文）。

なお、侵害差止について特許権者の損害回復が不可能となる等、差止に緊急性がある場合には仮処分決定を求めることができます（第209条(1)）。

証拠については、米国のようなディスカバリー（証拠開示手続）の制度はないので、日本と同様、侵害を主張する特許権者（原告）において証拠資料を収集し

第18章　特許権の侵害

裁判所に提出することになります。

　裁判官は両当事者の主張立証に基づいて侵害の有無を自由な心証によって判断します。

　損害賠償は、原則として侵害が生じていなければ特許権者が取得したであろう利益によって決定されます（第208条）。

　ただし、侵害の立証の困難性を考慮して特別規定が設けられており、上記特許権者が取得したであろう利益、侵害者が得た利益又は実施料相当額のうち、特許権者にとって最も有利なものを使用して決定します（第210条）。

4．刑事上の救済

　刑事裁判を通じて侵害者に刑事罰を与えることにより侵害からの救済を求めることができます。

　第183条の侵害行為に対する法定刑として、「3月以上1年以下の拘禁又は罰金」、第184条の侵害に対しては「1月以上3月以下の拘禁又は罰金」が規定されています。

　ただし、侵害者が、特許権者又はそのライセンシーの現在又は過去の代表者、受任者、代理人、パートナー又は従業者の場合は、拘禁刑の刑期が所定の刑期の3分の1から2分の1までの期間、加重される場合があります（第196条）。

　また、罰金額は刑法の一般原則に基づき、日割罰金額の10倍から360倍の間の額で定められますが、利得等の状況により最大10倍まで増額又は10分の1まで減額することができます（第197条、同条補項）。

5．非侵害の抗弁

　侵害被疑者は、第43条で個人的家庭的な発明特許の実施や研究開発目的の実施等が特許の排他的独占権の対象から除外されていることから、当該行為はこれらの規定に該当する行為であることを抗弁として主張することができます。

　また、特許出願日又は優先日より前に、ブラジルにおいて出願対象の発明を善

197

意で実施していた場合には先使用の抗弁が認められ、先使用者は、対価を支払うことなく従前通りの方法及び条件で継続して実施をすることができます（第45条）。

さらに、侵害被疑者は侵害訴訟において抗弁として特許無効を主張することもできます（第56条(1)）。

この場合、無効の抗弁が認められて非侵害の判決が下されても、特許の無効は訴訟当事者間で相対的に効力を生ずるにとどまり、特許自体は有効のまま残存します。対世的に特許を無効とするためには、被告は、侵害訴訟における抗弁とは別に、前述の行政上又は司法上の無効請求手続を行う必要があります。

6. 特許製品の並行輸入

ブラジル産業財産法では、特許権者は、第三者がその同意なく特許製品を製造販売等する行為や、販売目的の輸入を阻止する権利を有します（第42条）。

特許権者の同意のない輸入行為が侵害を構成するため、海外で販売された特許製品を特許権者の同意なくブラジル国内に輸入して販売する並行輸入行為は、従来、特許権侵害を構成するものと解されてきました。

しかしながら、2009年に連邦高等裁判所は、並行輸入は適法であるとの判決を言い渡しました。これは特許、商標等の産業財産に共通するもので、国際消尽論を根拠とするものとされています。

すなわち、特許権者が特許製品を販売すれば、それがブラジル国内であっても国外であっても特許の効力は消尽し、輸入（並行輸入）も含めたその後の流通は妨げられないことになります。

○ 主な関連条文

第183条

次に掲げる行為をした者は、発明特許又は実用新案特許の侵害の罪を犯すものとする。

（Ⅰ）特許権者の許可なく発明特許又は実用新案特許の主題である製品を製造すること、

（Ⅱ）特許権者の許可なく、発明特許の主題である手段又は方法を使用すること。

刑罰　3月以上1年以下の拘禁、又は罰金

第207条

　特許を侵害された者は、刑事訴訟とは関係なく、民事訴訟法に基づき、適切と認める民事訴訟を提起することができる。

資　　料

〔資料1〕ブラジル特許取得手続の流れ（パリルート）
〔資料2〕ブラジル特許取得手続の流れ（PCTルート）
〔資料3〕ブラジル産業財産法抜粋（INPIによる英訳）
　　　　（Law No. 9279, of May 14, 1996）
〔資料4〕ブラジル産業財産法　特許規則（英訳）
　　〔A〕　INPI Normative Instruction No. 030／2013
　　　　　（略称：規則（NI30））
　　〔B〕　INPI Normative Instruction No. 031／2013
　　　　　（略称：規則（NI31））

資料1

ブラジル特許取得手続の流れ（パリルート）

　「パリルート」によってブラジルで特許を取得する場合の手続の流れをフローチャートによって説明します。日本の特許出願を基礎に優先権を主張してブラジルに出願する場合を例にとって紹介しますが、優先権を主張せずに直接ブラジルに出願することもできます。

［用語の説明］

・**INPI**：ブラジル産業財産庁（National Institute of Industrial Property）

・**第○条**：ブラジル産業財産法の条文

・**規則(NI31)○条**：ブラジル特許規則（2013年発効）

・**IPジャーナル**：INPIが公告を行うための公報である「産業財産ジャーナル」

〔A〕ブラジル特許出願から技術（実体）審査の開始まで（優先権を主張した場合）

1．手続の流れを示すフローチャート（パリルート）

〔図1〕 特許出願から技術審査の開始までの手続の流れ（パリルート）

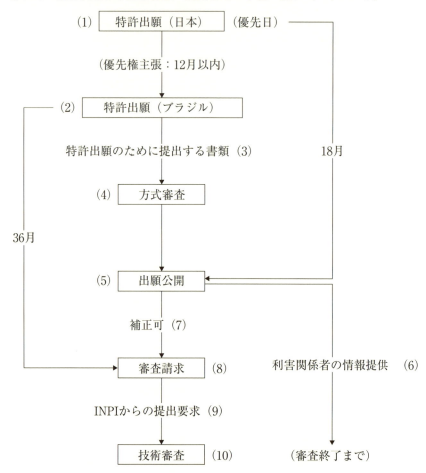

資料1　ブラジル特許取得手続の流れ（パリルート）

2．フローチャートの各段階の説明（パリルート）

（1）日本に特許出願

まず、日本に特許出願します。

（2）優先権を主張してブラジルに特許出願

日本の特許出願の出願日から12月以内に、当該特許出願を基礎にパリ条約による優先権を主張してINPIに特許出願します。

〈**特許の対象**〉

特許の対象は発明及び実用新案であり、それぞれ「発明特許」及び「実用新案特許」として保護されます。

［**発明**］特許を受けるためには、新規性、進歩性及び産業上の利用可能性の要件を満たす発明でなければなりません（第8条）。

［**実用新案**］特許を受けるためには、実用物品又はその一部が、産業上の利用可能性を有し、その使用又は製造における機能的改良をもたらす新規の形態又は構造を有し、かつ進歩性を有する、実用新案でなければなりません（第9条）。

（3）特許出願のために提出する書類

（a）**特許出願のために提出する書類**

特許出願はポルトガル語による以下の書類を含んでいなければなりません（第19条、規則(NI31) 2条）。

① 願書
② 明細書
③ 請求の範囲
④ 図面（必要な場合）
⑤ 要約書
⑥ 出願手数料納付証

205

（4）方式審査

出願書類が提出されると方式に係る予備審査が行われます。

（a）出願日認定の要件

特許出願が、ポルトガル語による上記①〜⑤の書類を含んでいれば、出願日が与えられます。しかし、①〜⑤の書類がすべて含まれていなくとも、ポルトガル語による明細書又は請求の範囲に加え、出願人及び発明者のデータが含まれていれば、当該特許出願の出願番号、出願日等がIPジャーナルに掲載された日から30日以内に、ポルトガル語によるその他の書類を提出すれば、当初の特許出願の日が出願日となります。

（b）外国語による特許出願

特許出願はポルトガル語以外の外国語ですることもできます。ただし、そのような場合であっても、明細書又は請求の範囲に加え、出願人及び発明者のデータはポルトガル語で作成されていなければなりません。

そして、当該特許出願の出願番号、出願日等が「IPジャーナル」に掲載された日から30日以内に、すでにポルトガル語で提出した書類以外のすべての書類をポルトガル語に翻訳して提出しなければなりません。

（5）出願公開

ブラジル特許出願は、出願日から、または優先権を主張している場合は最先の優先日から、18月経過後にINPIによって公開されます（第30条）。

ただし、最初にブラジルにされた特許出願であって、その対象が国防上の利害に関わるものは秘密に処理されるものとし、公開されません（第75条）。

〈国防上の利害に関わる特許〉

対象が国防上の利害に関わるとみなされた特許を外国に出願することは、管轄機関からの明示の許可があった場合を除き、禁止されています（第75条(2)）。

（6）情報提供

出願公開されると、審査が終了するまで、利害関係者は、サーチレポート、非特許文献、新規性欠如の証拠等、審査に役立つ書類及びデータをINPIに提供す

ることができます（第31条）。

[情報提供できる者] 正当な利害関係を証明する第三者は誰でも情報提供できます。

（7）補正

出願人は、特許出願をより明瞭又は明確にするため、審査請求の時までは、出願当初の開示の範囲内であれば、補正をすることができます（第32条）。

（8）審査請求

審査請求の期間は、特許出願の出願日から36月以内です。この間に審査請求がされなかった場合、特許出願は棚上げされます（第33条）。

なお、審査請求ができるのは出願人又は他の利害関係人です。

〈特許出願の回復〉

期間内に審査請求をしなかったために特許出願が棚上げされた場合、棚上げされた日から60日以内に追加の手数料を支払って審査請求すれば特許出願は回復されます（第33条補項）。

〈審査請求後の補正〉

審査請求後は、請求の範囲を限定する補正に限られます。

誤記又は誤訳の訂正を目的とする補正は、当初明細書等に開示された範囲内であれば審査請求後も認められ、特許出願の審査段階においていつでもできます。

（9）INPIからの提出要求

審査請求後、次に掲げるものを要求される場合があります。要求されたときは、出願人は60日の期間内に提出しなければなりません。提出しなかったとき当該出願は棚上げされます（第34条）。

（a）優先権が主張されている場合、他国における対応する出願の拒絶、先行技術の調査及び審査の結果

（b）出願の処理及び審査を適正に行なうために必要な書類

207

（c）ブラジルの出願が原出願国の出願と同一の場合、優先権書類に代えてその
　　旨の陳述書を提出したとき、当該陳述書の非公式翻訳文

（10）技術（実体）審査の開始

　審査請求がされると、INPIの審査官は技術審査（Technical　Examination）を
開始します。ただし、技術審査は出願公開から60日が経過するまで開始されませ
ん（第31条補項）。

資料1　ブラジル特許取得手続の流れ（パリルート）

〔B〕ブラジルの技術審査開始から特許又は拒絶まで（優先権を主張した場合）

1．手続の流れを示すフローチャート（パリルート）

〔図2〕　ブラジルの技術審査開始から特許又は拒絶までの流れ（パリルート）

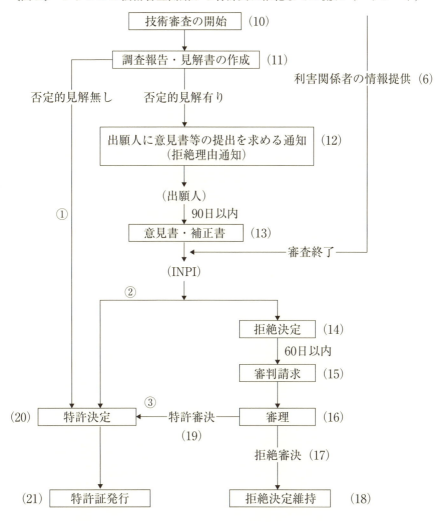

209

2. フローチャートの各段階の説明（パリルート）

(10) 技術（実体）審査の開始

技術審査（Technical Examination）が開始されると、発明の新規性、進歩性、産業上の利用可能性、発明の単一性、先後願等について審査がされます。

[技術審査の開始時期]審査は出願公開から60日が経過するまで開始されません。

理由は、出願公開後に利害関係人は情報提供することができ、公開から60日の間に提供される情報を審査に役立てるためです（第31条補項）。

(11) 調査報告及び見解書の作成

技術審査をしたとき、次の事項についてINPIは「調査報告」及び「見解書」を作成します（第35条）。

(a) 出願の特許性

　　（新規性、進歩性、産業上の利用可能性等に関する事項）

(n) 請求の範囲に記載された内容に鑑みた出願の妥当性

　　（例えば、発明が「システム」ではなく「方法」の方が妥当である等）

(c) 出願の改善又は分割

　　（例えば、複数の発明が含まれている場合、審査官は出願人に分割出願するよう要求する）

(d) 技術的要件

　　（方式に関する要件、例えば、タイプミスや誤訳の箇所を指摘して補正を求める）

〈調査報告及び見解書の内容〉

[調査報告]　先行技術文献がリストアップされています。

[見解書]　出願の実体要件及び方式要件について、審査官の見解が示されます。

実体要件に関し、請求の範囲に記載された発明ごとに新規性、進歩性及び産業上の利用可能性等について審査官の見解が示されます。

方式要件に関し、独立請求項を前提部分と特徴部分の二部形式（two-part-form）に補正することを要求又は請求項の従属関係の変更を要求する等の見解が示されます。

（12）出願人に意見書等の提出を求める通知（拒絶理由通知）

INPIは、見解書が特許性について否定的見解を有している場合、又は何らかの「要求」がある場合、出願人に意見書・補正書の提出を求める通知を出します（第36条）。

（13）意見書・補正書の提出

（a）意見書・補正書の提出

出願人は特許性に関する否定的見解（RPIコード7.1）及び補正要求（RPIコード6.1）に対して90日以内に意見書・補正書をINPIに提出して応答することができます（第36条柱書）。

［応答しなかった場合］

特許性に関する否定的見解（RPIコード7.1）に対して反論しなかったときは、出願は拒絶決定されます（RPIコード9.2）。この場合、審判請求をすることができます。

補正要求（RPIコード6.1）に対して応答しなかった場合、出願は最終的に棚上げされます。この場合、審判請求をすることはできません（第36条(1)、212条(2)）。

［応答した場合］

特許性に関する否定的見解に対して反論し受け入れられた場合、及び補正要求に対して応答し要件を満たしている場合、特許出願は承認され、そうでない場合には、審査が継続されます（第36条(2)）。

（14）拒絶の決定

意見書・補正書を提出した場合であっても、否定的見解が解消されないときには拒絶の決定がされます（第37条）。

(15) 審判請求

拒絶の決定がされた場合、出願人はIPジャーナルに公告された日から60日以内に審判を請求することができます。この請求期間は延長できません（第212条）。

(16) 審理

審判請求がされると審理が行われます（第212条）。

INPIは、審判請求の理由を補足するよう出願人に要求し、60日以内（延長不可）に応答するよう求めることができます（第214条）。

(17) 拒絶審決

拒絶理由が解消せず特許を付与できないと判断された場合には、拒絶審決が出されます（第215条）。

(18) 拒絶決定維持

審判請求についての決定は行政段階の最終決定であり、これに対して行政段階において不服申立をすることはできません。

したがって、審決に不服がある場合は訴訟を提起します。

(19) 特許審決

審理の結果、拒絶理由が解消したと判断された場合には特許審決が出され、特許出願を承認する旨の決定がされます（第215条）。

(20) 特許決定（①、②、③については図2を参照）

［ケース①］見解書に欠陥の指摘及び否定的見解が含まれていない場合、特許出願を承認すべき旨の決定がされます（第37条）。

［ケース②］意見書・補正書による反論が受け入れられ拒絶理由が解消した場合には特許出願を承認すべき旨の決定がされます（第37条）。

［ケース③］特許審決が出された場合、特許出願を承認すべき旨の決定がされます（第215条）。

資料1　ブラジル特許取得手続の流れ（パリルート）

（21）特許証発行

　特許決定後、60日以内に出願人が所定の手数料を支払い、特許付与する旨が納付証が提出されると特許証が交付されて特許が付与されます。そして、「IPジャーナル」に掲載されて公告がされ、公告日に特許が付与されたものとみなされます（第38条）。

　［手数料の納付期限徒過の場合］60日以内に出願人が所定の手数料を納付しなかった場合、期限後30日以内に追加手数料と共に納付することができます。納付しなかったとき、出願は最終的に棚上げされます（第38条(2)）。

資料2

ブラジル特許取得手続の流れ（PCTルート）

特許協力条約（PCT）に基づきブラジルで特許を取得する場合の手続の流れをフローチャートによって説明します。日本の特許出願を基礎に優先権を主張して国際出願し、ブラジルに国内移行して権利を取得する場合を例にとって紹介しますが、優先権を主張せず、直接国際出願してブラジルで特許を取得することもできます。

〔図1〕 PCTルートによるブラジル特許の取得（優先権を主張した場合）

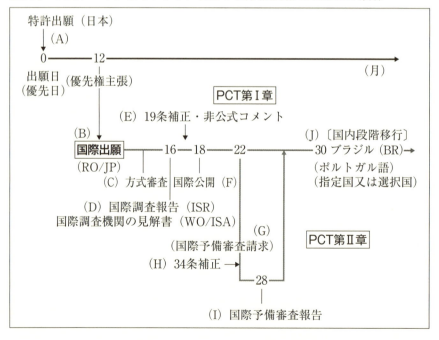

資料2　ブラジル特許取得手続の流れ（PCTルート）

　図1は、PCTルートによりブラジルで特許を取得する手続の流れを示したものです。

　次頁の図2は、国際出願からINPIでの技術（実体）審査開始までの手続の流れを示すフローチャートで、図1に対応する手続には同じ（A）、（B）、-- が付してあります。

［用語の説明］

INPI：ブラジル産業財産庁（National Institute of Industrial Property）

第○条：ブラジル産業財産法の条文

PCT第○条：特許協力条約（PCT）の条文

IPジャーナル：INPIが公告を行うための公報である「産業財産ジャーナル」

〔A〕PCT国際出願から技術(実体)審査の開始まで (優先権を主張した場合)

1．手続の流れを示すフローチャート(PCTルート)

〔図2〕 国際出願からブラジルでの技術審査の開始までの手続の流れ(PCTルート)

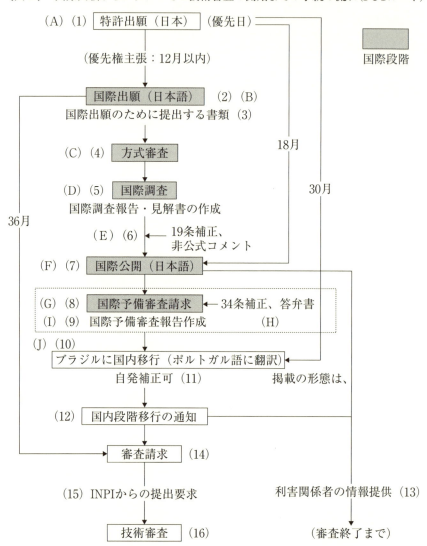

資料2　ブラジル特許取得手続の流れ（PCTルート）

２．フローチャートの各段階の説明（PCTルート）

（1）日本に特許出願

まず、日本に特許出願します。

（2）優先権を主張して国際出願

日本の特許出願の出願日から12月以内に、当該特許出願を基礎にパリ条約による優先権を主張して受理官庁としての日本特許庁（RO／JP）に国際出願します。

なお、ブラジルにおける特許の対象を以下に記します。

〈特許の対象〉

特許の対象は発明及び実用新案であり、それぞれ「発明特許」及び「実用新案特許」として保護されます。

［発明］特許を受けるためには、新規性、進歩性及び産業上の利用可能性の要件を満たす発明でなければなりません（第8条）。

［実用新案］特許を受けるためには、実用物品又はその一部が、産業上の利用可能性を有し、その使用又は製造における機能的改良をもたらす新規の形態又は構造を有し、かつ進歩性を有する実用新案でなければなりません（第9条）。

（3）国際出願のために提出する書類

（a）国際出願のために提出する書類

国際出願をする際に出願人は以下の書類を提出しなければなりません（PCT第3条(2)）。

①　願書

②　明細書

③　請求の範囲

④　図面（必要な場合）

⑤　要約

217

（b）手数料の支払

以下の手数料を国際出願の受理の日から1月以内に支払います。

　　・国際出願手数料

　　・送付手数料

　　・国際調査手数料

（c）国際出願の言語

日本語で国際出願します。なお、日本特許庁（RO／JP）に国際出願する場合、国際出願の言語は日本語又は英語のいずれかで行なうことができます。

（d）特定の場合に国際出願と共に提出しなければならない書類

　①　委任状又は包括委任状

　②　優先権証明書

　③　寄託された微生物等の生物材料に関する書類

　④　所定の様式でのヌクレオチド又はアミノ酸配列リスト、及び電子形式による同リスト

（4）方式審査

　国際出願が提出されると受理官庁によって方式審査が行われ、国際出願日付与の要件を満たしていれば国際出願日が与えられます。

　所定の願書を用いて国際出願すると、すべてのPCT締約国が指定されたものとみなされ、国際出願日が与えられると、指定されたすべてのPCT締約国（指定国）において国際出願の日から正規の国内出願の効果を有し、ブラジルを含む各指定国において実際の出願日とみなされます（PCT第11条）。

〈国際出願日付与の要件〉

　受理官庁としての日本特許庁（RO／JP）に国際出願する場合、国際出願日付与の要件は以下のとおり。

　（a）出願人の要件：出願人が日本の国民又は居住者である

　（b）言語の要件：日本語又は英語

　（c）出願に含まれるべき内容

　　①　国際出願する意思の表示

資料2　ブラジル特許取得手続の流れ（PCTルート）

② 少なくとも一つの締約国の指定

③ 出願人の氏名又は名称の所定の表示

④ 明細書であると外見上認められる部分

⑤ 請求の範囲であると外見上認められる部分

(5) 国際調査

国際調査機関によって国際調査が行われ、「国際調査報告（ISR）」及び「国際調査機関の見解書（WO／ISA）」が作成され、国際出願に係る発明が新規性、進歩性及び産業上の利用可能性を有するか否かについての判断材料が得られます。

(6) 19条補正・非公式コメント

出願人は、国際調査の結果を検討し、否定的見解があればこれを回避するため、請求の範囲について補正をすることができ（PCT第19条補正）、また、否定的見解に反論するために「非公式コメント」を提出することができます。

(7) 国際公開

国際出願は、出願日から、または優先権を主張している場合は最先の優先日から、18月経過後、世界知的所有権機関（WIPO）の国際事務局（IB）によって公開されます（PCT第21条(1)、(2)）。

日本語は国際公開の言語の1つであるので、日本語でされた本件国際出願は日本語で公開されます。

○**国際予備審査は出願人が希望する場合に行われます。**

(8) 国際予備審査請求

出願人の請求により国際予備審査が行われます。国際予備審査請求すると、請求の範囲だけでなく明細書及び図面についても補正することができ（34条補正）、「国際調査機関の見解書（WO／ISA）」の否定的見解に対して「答弁書・補正書」を提出して反論することができます。

219

(9) 国際予備審査報告の作成

出願人と国際予備審査機関の審査官との間でやり取りした結果を踏まえて国際予備審査機関により国際予備審査報告が作成されます。

(10) ブラジルの国内段階に移行

出願人は、国際出願によってブラジルで特許を取得したい場合、優先日から30月以内に国際出願をポルトガル語に翻訳してINPIに提出し、ブラジルの国内段階に移行する手続きを執ります。

この手続以降、ブラジル特許出願としてブラジル特許法が適用されます。

(11) 補正

出願人は、特許出願をより明瞭又は明確にするため、審査請求の時までは、出願当初の開示の範囲内であれば、補正をすることができます（第32条）。

(12) ブラジルの国内段階に移行した旨の公表

国際出願がブラジルの国内段階に移行した旨が「IPジャーナル」に掲載され、特許出願の書誌事項等がポルトガル語で公表されます。

(13) 情報提供

国際公開から審査が終了するまで、利害関係者は、サーチレポート、非特許文献、新規性欠如の証拠等、審査に役立つ書類及びデータをINPIに提供することができます（第31条）。

[情報提供できる者] 正当な利害関係を証明する第三者は誰でも情報提供できます。

(14) 審査請求

審査請求の期間は、国際出願の出願日から36月以内です。この間に審査請求がされなかった場合、特許出願は棚上げされます（第33条）。

資料2　ブラジル特許取得手続の流れ（PCTルート）

なお、審査請求ができるのは出願人又は他の利害関係人です。

〈特許出願の回復〉

　期間内に審査請求をしなかったために特許出願が棚上げされた場合、棚上げされた日から60日以内に追加の手数料を支払って審査請求すれば特許出願は回復されます（第33条補項）。

〈審査請求後の補正〉

　審査請求後は、請求の範囲を限定する補正に限られます。

　誤記又は誤訳の訂正を目的とする補正は、当初明細書等に開示された範囲内であれば審査請求後も認められ、特許出願の審査段階においていつでもできます。

（15）INPIからの提出要求

　審査請求後、次に掲げるものを要求される場合があります。要求されたときは、出願人は60日の期間内に提出しなければなりません。提出しなかったときは、当該出願は棚上げされます（第34条）。

　(a) 優先権が主張されている場合、他国における対応する出願の拒絶、先行技術の調査及び審査の結果

　(b) 出願の処理及び審査を適正に行なうために必要な書類

　(c) ブラジルの出願が原出願国の出願と同一の場合に優先権書類に代えてその旨の陳述書を提出したとき、当該陳述書の非公式翻訳文

（16）技術（実体）審査の開始

　審査請求がされると、INPIの審査官は技術審査（Technical　Examination）を開始します。ただし、技術審査は出願公開から60日が経過するまで開始されません（第31条補項）。

221

〔B〕 ブラジルの技術審査開始から特許又は拒絶まで（優先権を主張した場合）

1．手続の流れを示すフローチャート（PCTルート）

〔図3〕 ブラジルでの技術審査の開始から特許又は拒絶まで（PCTルート）

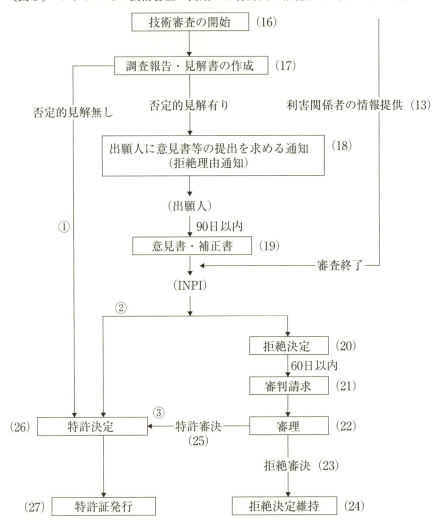

資料2　ブラジル特許取得手続の流れ（PCTルート）

２．フローチャートの各段階の説明（PCTルート）

〔資料1〕、〔B〕ブラジルの技術審査開始から特許又は拒絶まで（優先権を主張した場合）の「2．フローチャートの各段階の説明（パリルート）」と同じ。

223

資料3

ブラジル産業財産法抜粋（INPIによる英訳）

Law No. 9279, of May 14, 1996

TABLE OF CONTENTS

PRELIMINARY PROVISIONS:

（序）

TITLE I: PATENTS

（第1編　特許）

　CHAPTER I: OWNERSHIP

　　（第1章　所有権）……………………………………………… Art.6 to Art.7

　CHAPTER II: PATENTABILITY

　　（第2章　特許性）

　　　Section I: Patentable Inventions and Utility Models

　　　（第1節　特許を受けることができる発明及び実用新案）Art.8 to Art.15

　　　Section II: Priority

　　　（第2節　優先権）…………………………………… Art.16 to Art.17

　　　Section III: Non to Patentable Inventions and Utility Models

　　　（第3節　特許を受けることができない発明及び実用新案）……… Art.18

　CHAPTER III: PATENT APPLICATIONS

　　（第3章　特許出願）

　　　Section I: Filing of Application

　　　（第1節　出願）…………………………………… Art.19 to Art.21

　　　Section II: Conditions of the Application

224

資料3　ブラジル産業財産法抜粋（INPIによる英訳）

（第2節　出願の条件）……………………………… Art.22 to Art.29

Section III:　Prosecusion and Examination of an Application

（第3節　出願の処理及び審査）…………………… Art.30 to Art.37

CHAPTER IV:　PATENT GRANT AND TERM

（第4章　特許の付与及び存続期間）

Section I:　Patent Grant

（第1節　特許の付与）……………………………… Art.38 to Art.39

Section II:　Patent Term

（第2節　特許存続期間）……………………………………… Art.40

CHAPTER V:　PROTECTION CONFERRED BY A PATENT

（第5章　特許によって付与される保護）

Section I:　The Rights

（第1節　権利）……………………………………… Art.41 to Art.44

Section II:　Prior User

（第2節　先使用者）………………………………………… Art.45

CHAPTER VI:　PATENT NULLITY

（第6章　特許の無効）

Section I:　General Provisions

（第1節　総則）……………………………………… Art.46 to Art.49

Section II:　Administrative Nullity Procedure

（第2節　行政上の無効手続）……………………… Art.50 to Art.55

Section III:　Nullity Actions

（第3節　司法上の無効手続）……………………… Art.56 to Art.57

CHAPTER VII:　ASSIGNMENT AND NOTATIONS

（第7章　譲渡及び登録）…………………………… Art.58 to Art.60

CHAPTER VIII:　LICENSES

（第8章　ライセンス）

Section I:　Voluntary Licenses

（第1節　任意ライセンス）………………………… Art.61 to Art.63

225

Section II: Offer of License

（第2節　実施許諾用意）……………………………… Art.64 to Art.67

Section III: Compulsory License

（第3節　強制ライセンス）……………………………… Art.68 to Art.74

CHAPTER IX: PATENT OF INTEREST TO NATIONAL DEFENSE

（第9章　国防上の利害に係わる特許）…………………………… Art.75

CHAPTER X: CERTIFICATE OF ADDITION OF AN INVENTION

（第10章　追加発明証）……………………………… Art.76 to Art.77

CHAPTER XI: EXTINCTION OF A PATENT

（第11章　特許の消滅）……………………………… Art.78 to Art.83

CHAPTER XII: ANNUAL FEE

（第12章　年次手数料）……………………………… Art.84 to Art.86

CHAPTER XIII: RESTORATION

（第13章　回復）……………………………………………… Art.87

CHAPTER XIV: INVENTIONS AND UTILITY MODELS MADE BY EMPLOYEES OR SUPPLIERS OF SERVICES

（第14章　従業者又は役務提供者が創出した発明及び実用新案）… Art.88 to Art.93

TITLE II: INDUSTRIAL DESIGNS（Omission）

（第2編　意匠（省略））

TITLE III MARKS（Omission）

（第3編　標章（省略））

TITLE IV GEOGRAPHICAL INDICATIONS（Omission）

（第4編　地理的表示（省略））

TITLE V CRIMES AGAINST INDUSTRIAL PROPERTY

（第5編　産業財産権の侵害）

資料 3　ブラジル産業財産法抜粋（INPIによる英訳）

Chapter I:　Crimes Against Patents
（第 1 章　特許侵害）⦾⦾⦾⦾⦾⦾⦾⦾⦾⦾⦾⦾⦾⦾⦾⦾⦾⦾⦾⦾⦾　Art.183 to Art.186

Chapter II ～ VII（Omission）
（第 2 章～（第 7 章（省略））

TITLE VI:　TRANSFER OF TECHNOLOGY AND FRANCHISING
（第 6 編　技術移転及びフランチャイズ）⦾⦾⦾⦾⦾⦾⦾⦾⦾⦾⦾⦾⦾⦾　Art.211

TITLE VII:　GENERAL PROVISIONS
（第 7 編　総則）

CHAPTER I:　APPEALS
（第 1 章　審判）⦾⦾⦾⦾⦾⦾⦾⦾⦾⦾⦾⦾⦾⦾⦾⦾⦾⦾⦾⦾　Art.212 to Art.215

CHAPTER II:　ACTS BY THE PARTIES
（第 2 章　当事者による手続）⦾⦾⦾⦾⦾⦾⦾⦾⦾⦾⦾⦾⦾⦾　Art.216 to Art.220

CHAPTER III:　TIME LIMITS
（第 3 章　期限）⦾⦾⦾⦾⦾⦾⦾⦾⦾⦾⦾⦾⦾⦾⦾⦾⦾⦾⦾⦾　Art.221 to Art.224

CHAPTER IV:　LIMITATIONS
（第 4 章　出訴期限）⦾⦾⦾⦾⦾⦾⦾⦾⦾⦾⦾⦾⦾⦾⦾⦾⦾⦾⦾⦾　Art.225

CHAPTER V:　ACTS BY THE INPI
（第 5 章　INPIの行為）⦾⦾⦾⦾⦾⦾⦾⦾⦾⦾⦾⦾⦾⦾⦾⦾⦾⦾⦾　Art.226

CHAPTER VI:　CLASSIFICATIONS
（第 6 章　分類）⦾⦾⦾⦾⦾⦾⦾⦾⦾⦾⦾⦾⦾⦾⦾⦾⦾⦾⦾⦾⦾⦾　Art.227

CHAPTER VII:　FEES
（第 7 章　手数料）⦾⦾⦾⦾⦾⦾⦾⦾⦾⦾⦾⦾⦾⦾⦾⦾⦾⦾⦾⦾　Art.228

TITLE VIII:　TRANSITORY AND FINAL PROVISIONS（Omission）
（第 8 編　経過規定及び最終規定（省略））

LAW N° 9279

OF 14th MAY 1996

(published on 15th of May 1996)

Regulating rights and obligations relating to industrial property.

PRELIMINARY PROVISIONS

Article 1 - This law regulates rights and obligations relating to industrial property.

Article 2 - The protection of rights relating to industrial property, taking into account the interests of society and the technological and economic development of the country, is effected by means of:

I - the grant of patents of invention and utility model patents;

II - the grant of industrial design registrations;

III - the grant of trademark registrations;

IV - the repression of false geographical indications; and

V - the repression of unfair competition.

Article 3 - The provisions of this law also apply:

I - to an application for a patent or registration originating from abroad and filed in this country by a person having protection guaranteed by a treaty or convention in force in Brazil; and

II - to nationals or persons domiciled in a country that guarantees reciprocity of identical or equivalent rights to Brazilians or persons domiciled in Brazil.

Article 4 - The provisions of treaties in force in Brazil, are applicable, in equal conditions to natural and legal persons that are nationals or domiciled in this country.

資料 3　ブラジル産業財産法抜粋（INPIによる英訳）

Article 5 - For all legal effects, industrial property rights are considered to be chattels.

TITLE I: PATENTS
CHAPTER I: OWNERSHIP

Article 6 - The author of an invention or of a utility model will be assured the right to obtain a patent that guarantees to him the property, under the terms established by this law.

§ 1 - In the absence of proof to the contrary, the applicant is presumed to have the right to obtain a patent.

§ 2 - A patent may be applied for by the author, his heirs or successors, by the assignee or by whoever the law or a work or service contract determines to be the owner.

§ 3 - When an invention or utility model is created jointly by two or more persons, the patent may be applied for by all or any one of them, by naming and qualifying the others to guarantee their respective rights.

§ 4 - The author will be named and qualified, but may request his authorship not to be divulged.

Article 7 - If two or more authors have independently devised the same invention or utility model, the right to obtain a patent will be assured to whoever proves the earliest filing, independently of the dates of invention or creation.

Sole Paragraph - The withdrawal of an earlier filing without producing any effects will give priority to the first later filing.

CHAPTER II: PATENTABILITY
Section I: Patentable Inventions and Utility Models

Article 8 - To be patentable an invention must meet the requirements of novelty, inventive activity and industrial application.

Article 9 - An object of practical use, or part thereof, is patentable as a utility model, when it is susceptible of industrial application, presents a new shape or arrangement and involves an inventive act that results in a functional improvement in its use or manufacture.

Article 10 - The following are not considered to be inventions or utility models:

I - discoveries, scientific theories and mathematical methods;

II - purely abstract concepts;

III - schemes, plans, principles or methods of a commercial, accounting, financial, educational, publishing, lottery or fiscal nature;

IV - literary, architectural, artistic and scientific works or any aesthetic creation;

V - computer programs per se;

VI - the presentation of information;

VII - rules of games;

VIII - operating or surgical techniques and therapeutic or diagnostic methods, for use on the human or animal body; and

IX - natural living beings, in whole or in part, and biological material, including the genome or germ plasma of any natural living being, when found in nature or isolated therefrom, and natural biological processes.

Article 11 - Inventions and utility models are considered to be new when not included in the state of the art.

§ 1 - The state of the art comprises everything made accessible to the public before the date of filing of a patent application, by written or oral description, by use or any other means, in Brazil or abroad, without prejudice to the provisions of articles 12, 16 and 17.

資料 3　ブラジル産業財産法抜粋（INPIによる英訳）

§ 2 - For the purpose of determining novelty, the whole contents of an application filed in Brazil, but not yet published, will be considered as state of the art from the date of filing, or from the priority claimed, provided that it is published, even though subsequently.

§ 3 - The provisions of the previous paragraph will be applied to an international patent application filed in accordance with a treaty or convention in force in Brazil, provided that there is national processing.

Article 12 - The disclosure of an invention or utility model which occurs during the twelve months preceding the date of filing or priority of the patent application will not be considered as part of the state of the art, provided such disclosure is made:

I - by the inventor;

II - by the National Institute of Industrial Property - INPI, by means of the official publication of a patent application filed without the consent of the inventor and based on information obtained from him or as a result of his acts; or III - by third parties, on the basis of information received directly or indirectly from the inventor or as the result of his acts.

Sole Paragraph - INPI may require the inventor to provide a declaration relating to the disclosure, accompanied or not by proof, under the conditions established in the rules.

Article 13 - An invention shall be taken to involve inventive activity when, for a person skilled in the art, it does not derive in an evident or obvious manner from the state of the art.

Article 14 - A utility model shall be taken to involve an inventive act when, for a person skilled in the art, it does not derive in a common or usual manner

231

from the state of the art.

Article 15 - Inventions and utility models are considered to be susceptible of industrial application when they can be made or used in any kind of industry.

Section II: Priority

Article 16 - Priority rights will be guaranteed to a patent application filed in a country that maintains an agreement with Brazil or in an international organization, that produces the effect of a national filing, within the time limits established in the agreement, the filing not being invalidated nor prejudiced by facts that occur within such time limits.

§ 1 - Priority claims must be made at the time of filing, but may be supplemented within 60 (sixty) days by other priorities earlier than the date of filing in Brazil.

§ 2 - A priority claim must be proved by means of a suitable document of origin, containing the number, date, title, specification and, when they exist, claims and drawings, accompanied by a simple translation of the certificate of filing or equivalent document containing data identifying the application, the contents of which will be of the entire responsibility of the applicant.

§ 3 - If not effected at the time of filing, the proof must be presented within 180 (one hundred and eighty) days from filing.

§ 4 - For international applications filed in virtue of a treaty in force in Brazil, the translation provided for in § 2 must be filed within the period of 60 (sixty) days from the date of entry into national processing.

§ 5 - When the application filed in Brazil is completely contained in the document of origin, a declaration by the applicant in this respect will be sufficient to substitute the simple translation.

§ 6 - When the priority is obtained by virtue of assignment, the corresponding document must be filed within 180 (one hundred and eighty) days from filing

資料3　ブラジル産業財産法抜粋（INPIによる英訳）

or, in the case of entry into national processing, within 60 (sixty) days from the date of such entry, consular legalization in the country of origin not being required.

§ 7 - Failure to file proof within the time limits established in this article will result in loss of the priority.

§ 8 - In the case of an application filed with a priority claim, any request for early publication must be made with proof of the priority having been filed.

Article 17 - An application for a patent of invention or for a utility model originally filed in Brazil, without a priority claim and not yet published, will guarantee a right of priority to a later application in respect of the same subject matter filed in Brazil by the same applicant or by his successors, within the period of 1 (one) year.

§ 1 - Priority will only be recognized for subject matter that is disclosed in the earlier application and will not extend to any new matter that is introduced.

§ 2 - The pending earlier application will be considered as definitively shelved.

§ 3 - A patent application resulting from the division of an earlier application cannot serve as the basis for a priority claim.

Section III: Non-patentable Inventions and Utility Models

Article 18 - The following are not patentable:

I - that which is contrary to morals, good customs and public security, order and health;

II - substances, matter, mixtures, elements or products of any kind, as well as the modification of their physical-chemical properties and the respective processes of obtaining or modifying them, when they result from the transformation of the atomic nucleus; and

III - living beings, in whole or in part, except transgenic micro-organisms meeting the three patentability requirements - novelty, inventive activity and indus-

233

trial application – provided for in article 8 and which are not mere discoveries;

Sole Paragraph - For the purposes of this law, transgenic micro-organisms are organisms, except the whole or part of plants or animals, that exhibit, due to direct human intervention in their genetic composition, a characteristic that can not normally be attained by the species under natural conditions.

CHAPTER III: PATENT APPLICATIONS

Section I: Filing of the Application

Article 19 - A patent application, in accordance with the conditions established by INPI, will contain:

I - a request;

II - a specification;

III - claims;

IV- drawings, if any;

V - an abstract; and

VI - proof of payment of the filing fee.

Article 20 - Once presented, the application will be submitted to a formal preliminary examination and, if in due order, will be protocolled, the date of presentation being considered as the filing date.

Article 21 - An application that does not formally meet the requirements of article 19, but which does contain data relating to the subject matter, the applicant and the inventor, may be delivered to INPI against a dated receipt which will establish the requirements to be met within a period of 30 (thirty) days, on pain of return or shelving of the documentation.

Sole Paragraph - Once the requirements have been met, filing will be considered

資料3　ブラジル産業財産法抜粋（INPIによる英訳）

to have been made on the date of the receipt.

Section II: Conditions of the Application

Article 22 - An application for a patent of invention must refer to a single invention or to a group of inventions so interrelated as to comprise a single inventive concept.

Article 23 - An application for a utility model must refer to a single principal model that may include a plurality of distinct additional elements or structural or configurative variations, provided that technical-functional and corporeal unity of the object is maintained.

Article 24 - The specification must describe the subject matter clearly and sufficiently so as to enable a person skilled in the art to carry it out and to indicate, when applicable, the best mode of execution.

Sole Paragraph - In the case of biological material essential for the practical execution of the subject matter of the application, which cannot be described in the form of this article and which has not been accessible to the public, the specification will be supplemented by a deposit of the material in an institution authorized by INPI or indicated in an international agreement.

Article 25 - The claims must be based on the specification, characterizing the particularities of the application and defining clearly and precisely the subject matter to be protected.

Article 26 - A patent application may, until the end of examination, be divided, *ex officio* or on request of the applicant, into two or more applications, provided that the divisional application:

235

I - makes specific reference to the original application; and

II - does not exceed the matter disclosed in the original application.

Sole Paragraph - A request for division not in accordance with the provisions of this article will be shelved.

Article 27 - Divisional applications will have the filing date of the original application and the benefit of the priority of the latter, if any.

Article 28 - Each divisional application will be subject to payment of the corresponding fees.

Article 29 - A patent application which is withdrawn or abandoned will be published.

§ 1 - A request for withdrawal must be filed within 16 (sixteen) months counted from the date of filing or of the earliest priority.

§ 2 - Withdrawal of an earlier application without producing any effect will confer priority on the first later application.

Section III: Prosecution and examination of an application

Article 30 - A patent application will be kept secret during 18 (eighteen) months counted from the date of filing or of the earliest priority, if any, after which it will be published, with the exception of the case provided for in article 75.

§ 1 - Publication of the application may be anticipated on request by the applicant.

§ 2 - The publication must include data identifying the patent application, a copy of the specification, claims, abstract and drawings being made available to the public at INPI.

資料3　ブラジル産業財産法抜粋（INPIによる英訳）

§ 3 - In the case provided for in the sole paragraph of article 24, the biological material will be made available to the public at the time of the publication to which this article refers.

Article 31 - Documents and information for aiding examination may be filed by interested parties between the publication of the application and the termination of examination.

Sole Paragraph - Examination will not be initiated prior to 60 (sixty) days from publication of the application.

Article 32 - In order better to clarify or define a patent application, the applicant may effect alterations up to the request for examination, provided that they be limited to the subject matter initially disclosed in the application.

Article 33 - Examination of a patent application must be requested by the applicant or by any interested party, within 36 (thirty six) months counted from the date of filing, under pain of shelving of the application.

Sole Paragraph - The patent application may be reinstated, on request by the applicant, within 60 (sixty) days counted from the shelving, on payment of a specific fee, under pain of definitive shelving.

Article 34 - Once examination has been requested and whenever so requested, the following should be filed within 60 (sixty) days, on pain of shelving of the application:

I - objections, prior art searches and the results of examination for the grant of corresponding applications in other countries, when there is a priority claim;

II - documents necessary to regularise the proceedings and examination of the application; and

III - a simple translation of the suitable document mentioned in §2 of article 16, should it have been substituted by the declaration provided for in §5 of that same article.

Article 35 - At the time of the technical examination, a search report and an opinion will be prepared with respect to:

I - the patentability of the application;

II - the adaptation of the application to the nature of protection claimed;

III - the reformulation of the application or the division thereof; or

IV - technical requirements.

Article 36 - When the opinion is for non-patentability or for the inadequacy of the application for the nature of protection claimed or formulates any requirement, the applicant will be notified to reply within a period of 90 (ninety) days.

§1 - If no reply to a requirement is filed, the application will be definitively shelved.

§2 - If a reply to a requirement is filed, but the latter is not met or its formulation is contested, and independently of arguments being filed regarding patentability or adequacy, examination will be continued.

Article 37 - Once examination is concluded, a decision will be issued, allowing or rejecting the patent application.

CHAPTER IV: PATENT GRANT AND TERM

Section I: Patent Grant

Article 38 - A Patent will be granted after the application is allowed and, after proving payment of the corresponding fee, the respective letters-patent will be issued.

§1 - Payment of the fee and the respective proof thereof must be effected

資料3 ブラジル産業財産法抜粋（INPIによる英訳）

within 60 (sixty) days from allowance.

§ 2 - The fee provided for in this article may also be paid and proved within 30 (thirty) days after the time limit provided for in the previous paragraph, independently of any notification, by payment of a specific fee, on pain of definitive shelving of the application.

§ 3 - The patent will be considered granted as of the date of publication of the respective act.

Article 39 - The letters-patent will include the respective number, title and nature of protection, the name of the inventor, observing the provisions of article 6, § 4, the qualification and domicile of the patentee, the term, the specification, the claims and the drawings, as well as data relating to the priority.

Section II: Patent Term

Article 40 - A Patent of invention will have a term of 20 (twenty) years and a utility model patent a term of 15 (fifteen) years, counted from the filing date.

Sole Paragraph - The term will not be less than 10 (ten) years for patents of invention and 7 (seven) years for utility model patents, counted from grant, except when INPI is prevented from proceeding with the examination as to the merit of the application, due to a proven *pendent lite* or for reasons of "force majeure".

CHAPTER V: PROTECTION CONFERRED BY A PATENT

Section I: The Rights

Article 41 - The extension of the protection conferred by a patent will be determined by the content of the claims, interpreted in the light of the specification and drawings.

239

Article 42 - A patent confers on its proprietor the right to prevent third parties from manufacturing, using, offering for sale, selling or importing for such purposes without his consent:

I - a product that is the subject of a patent;

II - a process, or product directly obtained by a patented process;

§ 1 - The patentee is further guaranteed the right to prevent third parties from contributing to the practice by other parties of the acts referred to in this article.

§ 2 - The rights in a process patent will be violated, insofar as item II is concerned, when the holder or owner of a product fails to prove, through specific judicial ruling, that it was obtained by a manufacturing process different from that protected by the patent.

Article 43 - The provisions of the previous article do not apply:

I - to acts practiced by unauthorized third parties privately and without commercial ends, provided they do not result in prejudice to the economic interests of the patentee;

II - to acts practiced by unauthorized third parties for experimental purposes, related to studies or to scientific or technological research;

III - to the preparation of a medicine according to a medical prescription for individual cases, executed by a qualified professional, as well as to a medicine thus prepared;

IV - to a product manufactured in accordance with a process or product patent that has been placed on the internal market directly by the patentee or with his consent;

V - to third parties who, in the case of patents related to living matter, use, without economic ends, the patented product as the initial source of variation or propagation for obtaining other products; and

VI - to third parties who, in the case of patents related to living matter, use,

240

資料3　ブラジル産業財産法抜粋（INPIによる英訳）

place in circulation or commercialize a patented product that has been introduced lawfully onto the market by the patentee or his licensee, provided that the patented product is not used for commercial multiplication or propagation of the living matter in question.

Article 44 - A patentee is guaranteed the right to obtain compensation for the unauthorized exploitation of the subject matter of the patent, including exploitation that occurred between the date of publication of the application and that of grant of the patent.

§ 1 - If the infringer obtains, by any means, knowledge of the contents of a filed application, prior to publication, the period of undue exploitation, for the effect of compensation, will be counted from the date of commencement of the exploitation.

§ 2 - When the subject matter of a patent application relates to biological material, deposited under the terms of the sole paragraph of article 24, the right to compensation will only be conferred when the biological material has been made available to the public.

§ 3 - The right to obtain compensation for unauthorized exploitation, including with respect to the period prior to grant of the patent, is limited to the contents of the subject matter of the patent, under the terms of article 41.

Section II: Prior User

Article 45 - A person who in good faith, prior to the date of filing or of priority of a patent application, exploits its object in this country, will be guaranteed without onus the right to continue the exploitation, in the previous form and conditions.

§ 1 - The right conferred under the terms of this article can only be ceded by transfer or leasing, together with the business of the undertaking, or the part thereof that has direct relation with the exploitation of the subject matter of

241

the patent.

§ 2 - The right to which this article refers will not be guaranteed to a person who had knowledge of the subject of the patent due to disclosure under the terms of article 12, provided that the application was filed within 1 (one) year from the disclosure.

CHAPTER VI: PATENT NULLITY

Section I: General Provisions

Article 46 - A patent is null when granted contrary to the provisions of this law.

Article 47 - Nullity may not be applicable to all of the claims, a condition for partial nullity being that the subsisting claims constitute subject matter that is patentable per se.

Article 48 - Nullity of a patent will produce effects as from the filing date of the application.

Article 49 - In the case of the provisions of article 6 not having been observed, the inventor may alternatively claim, in a court action, the adjudication of the patent.

Section II: Administrative Nullity Procedure

Article 50 - Nullity of a patent will be declared administratively when:

I - any of the legal requisites have not been met;

II - the specification and the claims do not meet the provisions of articles 24 and 25, respectively;

III - the subject of protection of the patent extends beyond the contents of the application as originally filed; or

IV - any of the essential formalities indispensable for grant were omitted

資料3 ブラジル産業財産法抜粋 (INPIによる英訳)

during prosecution.

Article 51 - The nullity procedure may be instituted *ex officio* or at the request of any person having legitimate interest, within 6 (six) months counted from the grant of the patent.

Sole Paragraph - The nullity procedure will continue even if the patent is extinct.

Article 52 - The patentee will be notified to respond within a period of 60 (sixty) days.

Article 53 - Independently of a reply having been filed, once the period determined in the previous article has passed, INPI will issue an opinion, notifying the patentee and the applicant to reply within a common period of 60 (sixty) days.

Article 54 - Once the period determined in the previous article has passed, even if no replies have been presented, the process will be decided by the President of INPI, terminating the administrative instance.

Article 55 - The provisions of this Section apply, where appropriate, to certificates of addition.

Section III: Nullity Actions

Article 56 - A nullity action can be filed at any time during the term of a patent by INPI or by any legitimately interested party.

§ 1 - Nullity of a patent may be argued, at any time, as matter for defense.

§ 2 - The judge may, as a preventive or incidental measure, determine the suspension of the effects of a patent, provided the relevant procedural requirements are met.

Article 57 - Nullity actions will be adjudged in the forum of the Federal Courts, and INPI, when not plaintiff, will participate in the action.

§ 1 - The period for the defendant to reply will be 60 (sixty) days.

§ 2 - Once the decision on a nullity action becomes *res judicata*, INPI will publish a notice to inform third parties.

CHAPTER VII: ASSIGNMENT AND NOTATIONS

Article 58 - A patent application or patent, the contents of which are indivisible, may be assigned in whole or in part.

Article 59 - INPI will make the following notations:

I - assignments, mentioning the complete qualification of the assignee;

II - any limitation or onus applied to the application or patent; and

III - alterations of name, headquarters or address of the applicant or patentee.

Article 60 - Notations will produce effect with regard to third parties as from the date of their publication.

CHAPTER VIII: LICENSES

Section I: Voluntary Licenses

Article 61 - A patentee or applicant may execute a license contract for exploitation.

Sole Paragraph - The licensee may be invested by the patentee with all powers to act in defence of the patent.

Article 62 - A license contract must be recorded at INPI to produce effect with

資料 3　ブラジル産業財産法抜粋（INPIによる英訳）

regard to third parties.

§ 1 - The record will produce effect with regard to third parties as from the date of its publication.

§ 2 - A license contract need not be recorded at INPI for it to have effect for validating proof of use.

Article 63 - Any improvement to a licensed patent belongs to the person who made it, the other contracting party being guaranteed the right of preference with respect to a license.

Section II: Offer to License

Article 64 - A patentee may request INPI to place his patent under offer with a view to its exploitation.

§ 1 - INPI will promote publication of the offer.

§ 2 - No exclusive voluntary license contract will be recorded by INPI without the patentee having withdrawn the offer.

§ 3 - No patent subject to an exclusive voluntary license may be made the subject of an offer.

§ 4 - The patentee may withdraw the offer at any time prior to the express acceptance of its terms by an interested party, whereby the provisions of article 66 will not apply.

Article 65 - In the absence of an agreement between the patentee and the licensee, the parties may request INPI to arbitrate the remuneration.

§ 1 - For the effects of this article, INPI will observe the provisions of § 4 of article 73.

§ 2 - The remuneration may be reviewed after 1 (one) year of it being established.

245

Article 66 - A patent under offer will have its annuities reduced by one half during the period between the offer and the grant of the first license of any type.

Article 67 - The patentee may request cancellation of the license if the licensee does not initiate effective exploitation within 1 (one) year of the grant of the license, interrupts exploitation for a period longer than 1 (one) year or, further, if the conditions for exploitation are not obeyed.

Section III: Compulsory Licenses

Article 68 - A patentee will be subject to have his patent licensed compulsorily if he exercises the rights resulting therefrom in an abusive manner or by means of it practices abuse of economic power that is proven under the terms of the law by an administrative or court decision.

§ 1 - The following may also result in a compulsory license:

I - the non-exploitation of the subject matter of the patent in the territory of Brazil, by lack of manufacture or incomplete manufacture of the product or, furthermore, by lack of complete use of a patented process, except in the case of non-exploitation due to economic inviability, when importation will be admitted; or

II - commercialization that does not meet the needs of the market.

§ 2 - The license can only be requested by a party with legitimate interest and that has the technical and economic capacity to carry out the efficient exploitation of the subject matter of the patent, that should be destined predominantly for the internal market, suppressing, in this case, the exception provided for in item I of the previous paragraph.

§ 3 - In the case that a compulsory license is granted due to abuse of economic power, a period of time, limited to that provided for in article 74, will be guaranteed to the licensee proposing to manufacture locally, to proceed with the

資料3　ブラジル産業財産法抜粋（INPIによる英訳）

importation of the subject matter of the license, provided it has been placed on the market directly by the patentee or with his consent

§4 - In the case of importation for exploitation of a patent and in the case of importation provided for in the previous paragraph, the importation by third parties of a product manufactured according to a process or product patent will equally be allowed, provided It has been placed on the market directly by the patentee or with his consent.

§5 - A compulsory license, to which §1 relates, may only be requested after 3 (three) years from grant of the patent.

Article 69 - A compulsory license will not be granted if, at the date of the request, the patentee:

I - justifies non-use for legitimate reasons;

II - proves that serious and effective preparations for exploitation have been carried out; or III - justifies lack of manufacture or commercialization due to legal obstacles.

Article 70 - A compulsory license will also be granted when the following hypotheses are shown to exist cumulatively:

I - a situation of dependency of one patent on another is characterized;

II - the subject matter of the dependent patent constitutes a substantial technical advance in relation to the earlier patent; and

III - the patentee does not come to an agreement with the patentee of the dependent patent for the exploitation of the earlier patent.

§1 - For the purposes of this article, a dependent patent is considered to be one the exploitation of which depends obligatorily on the use of the subject matter of the earlier patent.

§2 - For the purposes of this article, a process patent may be considered as dependent on a patent for the respective product, as also a product patent may

247

be dependent upon a process patent.

§ 3 - The proprietor of a patent licensed under the terms of this article will have the right to a compulsory cross license under the dependent patent.

Article 71 - In cases of national emergency or public interest, declared in an act of the Federal Executive Authorities, insofar as the patentee or his licensee does not meet such necessity, a temporary *ex officio* non-exclusive compulsory license for the exploitation of the patent may be granted, without prejudice to the rights of the respective patentee.

Sole Paragraph - The act of grant of the license will establish its term of validity and the possibility of extension.

Article 72 - Compulsory licenses will always be granted without exclusivity, sublicensing not being permitted.

Article 73 - An application for a compulsory license must be formulated by indicating the conditions offered to the patentee.

§ 1 - Once the application for a license has been filed, the patentee will be notified to respond within a period of 60 (sixty) days, at the end of which, in the absence of a response from the patentee, the proposal will be considered as accepted under the conditions offered.

§ 2 - An applicant for a license who alleges abuse of patent rights or abuse of economic power must file documentary proof.

§ 3 - If a compulsory license is requested on the basis of lack of exploitation, it will rest with the patentee to prove exploitation.

§ 4 - If there is a contestation, INPI may take the necessary steps, including the establishment of a committee that may include specialists that are not part of INPI, with a view to arbitrating the remuneration that will be paid to the patentee.

§ 5 - The organs and entities of the direct or indirect, federal, state and municipal public administration will provide INPI with such information as is requested with a view to assisting the arbitration of remuneration.

§ 6 - In arbitrating remuneration, the circumstances of each case will be considered, taking into account obligatorily the economic value of the license granted.

§ 7 - Once the process is duly filed, INPI will come to a decision regarding the grant and the conditions of the compulsory license within a period of 60 (sixty) days.

§ 8 - Appeals against decisions granting a compulsory license will not have suspensive effects.

Article 74 - In the absence of legitimate reasons, the licensee must initiate exploitation of the subject matter of the patent within a period of 1 (one) year from the grant of the license, interruption for an equal period being permitted.

§ 1 - The patentee may request revocation of the license if the provisions of this article are not met.

§ 2 - The licensee will be vested with all powers to act in defense of the patent.

§ 3 - After grant of a compulsory license, the assignment thereof will only be permitted when effected together with the assignment, transfer or leasing of that part of the undertaking that exploits it.

CHAPTER IX: PATENTS OF INTEREST TO NATIONAL DEFENCE

Article 75 - A patent application originated in Brazil the object of which is of interest to national defense will be processed in secrecy and will not be subject to the publications provided for in this law.

§ 1 - INPI will send the application immediately to the competent organ of the

Executive Authorities for the purpose of providing, within 60 (sixty) days, an opinion regarding secrecy. After such period has passed without any opinion by the competent organ, the application will be processed normally.

§ 2 - Excepting express authorization by the competent organ, the filing abroad of a patent application the subject matter of which is considered to be of interest to national defense, as well as any disclosure thereof, is prohibited.

§ 3 - The exploitation and the assignment of an application or patent of interest to national defense are conditioned to prior authorization by the competent organ, due compensation being guaranteed whenever this implies a restriction to the rights of the applicant or patentee.

CHAPTER X: CERTIFICATE OF ADDITION OF AN INVENTION

Article 76 - On payment of a specific fee, the applicant or patentee of a patent of invention may request a certificate of addition to protect an improvement or development introduced in the subject matter of the invention, even if lacking inventive activity, provided that it shares the same inventive concept.

§ 1 - If publication of the main application has already taken place, the application for the certificate of addition will be published immediately.

§ 2 - Examination of the application for a certificate of addition will be in accordance with the provisions of articles 30 to 37, without prejudice to the provisions of the previous paragraph.

§ 3 - An application for a certificate of addition will be rejected if its subject matter does not involve the same inventive concept.

§ 4 - The applicant may, within the period for appeal, by payment of the corresponding fee, request the conversion of an application for a certificate of addition into a patent application benefiting from the date of filing of the application for the certificate.

Article 77 - A certificate of addition is accessory to the patent, has the same ex-

資料3　ブラジル産業財産法抜粋（INPIによる英訳）

piry date and accompanies it for all legal effects.

Sole Paragraph - In a nullity process, the patentee may request that the subject matter contained in the certificate of addition be examined to verify the possibility of its subsistence, without prejudice to the term of protection of the patent.

CHAPTER XI: EXTINCTION OF PATENTS

Article 78 - A patent shall become extinct:

I - on expiry of the term of protection;

II - on waiver by the patentee, without prejudice to the rights of third parties;

III - on forfeiture;

IV - on non-payment of the annual fee, within the periods provided for in §2 of article 84 and in article 87; and

V - on non-observance of the provisions of article 217.

Sole Paragraph - Once a patent becomes extinct, its object falls within the public domain.

Article 79 - Waiver will only be permitted if it does not prejudice the rights of third parties.

Article 80 - A patent becomes forfeit, *ex officio*, or at the request of any party with a legitimate interest if, after 2 (two) years from the grant of the first compulsory license, such period has not been sufficient to prevent or correct abuse or disuse, excepting legitimate reasons.

§1 - A patent will become forfeit when, on the date of application for forfeiture or of the *ex officio* commencement of the respective process, its exploitation has not been initiated.

251

§ 2 - In the process for forfeiture commenced at the request of any party with a legitimate interest, INPI may continue the process on desistment by that party.

Article 81 - The patentee will be notified to respond to the forfeiture request within a period of 60 (sixty) days, the onus of proof regarding exploitation falling on him.

Article 82 - A decision will be pronounced within 60 (sixty) days counted from the end of the period mentioned in the previous article.

Article 83 - A decision of the forfeiture process will produce effect as from the day of the request or of the publication of the commencement of the *ex officio* process.

CHAPTER XII: ANNUAL FEES

Article 84 - The applicant and patentee are subject to the payment of annual fees, as from the beginning of the third year from the date of filing.

§ 1 - Advance payment of the annual fees will be regulated by INPI.

§ 2 - The payment should be effected within the first 3 (three) months of each annual period, but may still be effected within the following 6 (six) months, independently of notification, by payment of an additional fee.

Article 85 - The provisions of the previous article apply to international applications filed in virtue of a treaty in force in Brazil, the payment of annual fees due before the date of entry into national processing having to be effected within a period of 3 (three) months from that date.

Article 86 - Failure to pay an annual fee, under the terms of articles 84 and 85, will result in the shelving of the application or extinction of the patent.

資料3 ブラジル産業財産法抜粋（INPIによる英訳）

CHAPTER XIII: RESTORATION

Article 87 - A patent application and patent may be restored, if the applicant or patentee so requests, within 3 (three) months counted from notification of shelving of the application or extinction of the patent, on payment of a specific fee.

CHAPTER XIV: INVENTIONS AND UTILITY MODELS MADE BY EMPLOY-EES OR SUPPLIERS OF SERVICES

Article 88 - An invention or utility model will belong exclusively to the employer when it results from a work contract being executed in Brazil and the object of which is research or the exercise of inventive activity or when such results from the nature of the services for which the employee was contracted.

§ 1 - Except when there are express contractual provisions to the contrary, remuneration for the work to which this article refers will be limited to the salary agreed upon.

§ 2 - In the absence of proof to the contrary, an invention or utility model for which a patent is requested by an employee within 1 (one) year from the extinction of the contract of employment will be considered as having been developed while the contract was in force.

Article 89 - An employer, who is the proprietor of a patent, may grant the employee, who is the author of the invention or improvement, participation in the economic gains resulting from the exploitation of the patent, as a result of negotiation with the interested party or as provided for by a norm of the undertaking.

Sole Paragraph - The participation referred to in this article will not in any way be incorporated into the salary of the employee.

253

Article 90 - An invention or utility model developed by an employee will belong exclusively to the employee provided that it is unconnected to his work contract and when it does not result from the use of resources, means, data, materials, installations or equipment of the employer.

Article 91 - The ownership of an invention or utility model will be common, in equal parts, when it results from the personal contribution of the employee and from resources, data, means, materials, installations or equipment of the employer, without prejudice to express contractual provisions to the contrary.

§ 1 - When there is more than one employee, the part due to them will be divided equally between all of them, except when agreed to the contrary.

§ 2 - The employer will be guaranteed the right to an exclusive license for exploitation and the employee will be guaranteed fair remuneration.

§ 3 - Exploitation of the subject matter of the patent, in the absence of an agreement, must be initiated by the employer within 1 (one) year counted from the date of grant, under pain of the property in the patent being transferred to the exclusive ownership of the employee, without prejudice to the hypothesis of lack of exploitation for legitimate reasons.

§ 4 - In the case of assignment, any of the co-owners may exercise the right of preference under identical conditions.

Article 92 - The provisions of the preceding articles, as far as they are applicable, apply to the relationship between an autonomous worker or a trainee and the contracting undertaking and between contracting and contracted undertakings.

Article 93 - The provisions of this Chapter, as far as they are applicable, apply to entities of the direct or indirect and foundational, federal, state or municipal, Public Administration.

資料3　ブラジル産業財産法抜粋（INPIによる英訳）

Sole Paragraph - In the hypothesis of article 88, a reward corresponding to part of the value of the advantages obtained as a result of the application or the patent will be guaranteed to the inventor, under the terms and conditions provided for in the statutes or internal regulations of the entity to which this article refers.

TITLE II　INDUSTRIASL DESIGNS（Omission）

TITLE III　MARKS（Omission）

TITLE IV　GEOGRAPHICAL INDICATIONS（Omission）

TITLE V　CRIMES AGAINST INDUSTRIAL PROPERTY

CHAPTER I　CARIMES AGAINST PATENTS

Article 183 - A crime is committed against a patent of invention or a utility model patent by he who:

I - manufactures a product that is the subject matter of a patent of invention or a utility model patent, without authorization of the patentee; or

II - uses a means or process that is the subject matter of a patent of invention, without authorization of the patentee.

Penalty - detention of 3 (three) months to 1 (one) year, or a fine.

Article 184 - A crime is committed against a patent of invention or a utility model patent by he who:

I - exports, sells, exhibits or offers for sale, maintains in stock, hides or receives, with a view to use for economic purposes, a product manufactured in violation of a patent of invention or of a utility model patent, or that is obtained by a

255

patented means or process; or

II - imports a product that is the subject matter of a patent of invention or of a utility model patent or is obtained by a means or process patented in this country, for the purposes mentioned in the previous item, and that has not been placed on the external market directly by the proprietor or with his consent.

Penalty - detention of 1 (one) to 3 (three) months, or a fine.

Article 185 - Supplying a component of a patented product, or material or equipment for carrying out a patented process, provided that the final application of the component, material or equipment necessarily leads to the exploitation of the subject matter of the patent.

Penalty - detention of 1 (one) to 3 (three) months or a fine.

Article 186- The crimes of this Chapter are committed even if the violation does not affect all the claims of the patent or if it is restricted to the use of means equivalent to the subject matter of the patent.

CHAPTER II~VII (Omission)

TITL VI: EFRANCHISING (Omission)

TITLE VII: GENERAL PROVISIONS

CHAPTER I: APPEALS

Article 212 - In the absence of express provisions to the contrary, appeals may be filed against decisions provided for in this law, within a period of 60 (sixty)

資料3 ブラジル産業財産法抜粋（INPIによる英訳）

days.

§ 1 - Appeals will be received with suspensive and full devolutive effects, all provisions pertinent to examination in the first instance, in so far as they are applicable, being applied.

§ 2 - An appeal can not be filed against a decision which determines the definitive shelving of an application for a patent or for a design registration or against that which allows an application for a patent, a certificate of addition or the registration of a mark.

§ 3 - The appeals will be decided by the President of INPI, thus ending the administrative instance.

Article 213 - Interested parties will be notified to file counter-arguments to the appeal, within a period of 60 (sixty) days.

Article 214 - For the purposes of complementing the arguments of the appeal brief, INPI can make requirements, which should be met within the period of 60 (sixty) days.

Sole paragraph - Once the period defined in the "caput" has passed, a decision on the appeal will be given.

Article 215 - An appeal decision is final with no right to appeal in the administrative instance.

CHAPTER II: ACTS OF THE PARTIES

Article 216- The acts provided for in this law will be practiced by the parties or by their attorneys who should be duly qualified.

§ 1 - Powers of attorney, in the form of an original, an official copy or an authenticated photocopy, must be in the Portuguese language, consular legaliza-

257

tion and notarial recognition being waived.

§ 2 - The power of attorney must be filed within 60 (sixty) days counted from the practice of the first act by the party in the process, independently of notification or requirement, on pain of shelving, the shelving of a patent application, an application for registration of an industrial design or an application for the registration of a mark being definitive.

Article 217 - A person domiciled abroad must maintain permanently a duly qualified attorney resident in the country, with powers to represent him administratively and judicially, including for receiving summons.

Article 218 - Petitions will not be recognized:

I - when presented after the legal deadline; or

II - when they are not accompanied by proof of payment of the respective fee having the value in force at the date of their presentation.

Article 219 - Petitions, oppositions and appeals shall not be recognized when:

I - presented after the period provided for in this law;

II - not having legal basis; or

III - not accompanied by proof of payment of the respective fee.

Article 220 - INPI will make use of the acts of the parties, whenever possible, making any applicable requirements.

CHAPTER III: TIME LIMITS

Article 221 - The time limits established in this law are continuous, the right to carry out the act becoming automatically extinct on their termination, unless the party proves that it was not carried out for legitimate reasons.

§ 1 - A legitimate reason is considered to be an unforeseen event, outside the

資料3　ブラジル産業財産法抜粋（INPIによる英訳）

control of the party and which prevented the party from carrying out the act.

§ 2 - When legitimate reasons are recognized, the party will carry out the act within the period granted by INPI.

Article 222 - In calculating time limits, the first day should be excluded and the last day included.

Article 223 - Time limits only begin to run from the first working day after notification which will be made by publication in the official means of communication of INPI.

Article 224 - In the absence of express stipulation in this law, time limits for practicing acts will be 60 (sixty) days.

CHAPTER IV: LIMITATIONS

Article 225 - The limitation for actions for repairing damages caused to industrial property rights is 5 (five) years.

CHAPTER V: ACTS OF INPI

Article 226 - Acts of INPI in administrative processes relating to industrial property will only produce effect as from their publication in the respective official means of communication, except:

I - those which expressly do not depend on notification or publication by virtue of the provisions of this law;

II - administrative decisions when notification is made by post or knowledge is given to the party interested in the process; and

III - internal opinions and dispatches that do not need to be known by the parties.

259

CHAPTER VI: CLASSIFICATIONS

Article 227 - Classifications relative to the subject matter of Titles I, II and III of this law will be established by INPI, when they are not determined in an international treaty or agreement in force in Brazil.

CHAPTER VII: FEES

Article 228 - Fees will be charged for the services provided for in this law, the values and manner of collection of which will be established by act of the head officer of the federal public administrative entity to which INPI is bound.

TITLE VIII TRANSITORY AND FINAL PROVISIONS (Omission)

資料4〔A〕

ブラジル産業財産法　特許規則（英訳）
INPI Normative Instruction No. 030/2013（略称：規則（NI30））

CHAPTER I　REQUIREMENTS FOR INVENTION PATENT APPLICA-
　　　　　　TIONS

（第1章　特許出願の要件）…………………………………………… Art.2 to Art.8

CHAPTER II　REQUIREMENTS FOR THE PATENT APPLICATION OF
　　　　　　　UTILITY MODEL

（第2章　実用新案特許出願の要件）………………………… Art.9 to Art.15

CHAPTER III　GENERAL REQUIREMENTS CONCERING PATENT APPLI-
　　　　　　　　CATIONS

（第3章　特許出願に関する一般的要件）…………………………… Art.16

CHAPTER IV　DIVISIONAL　APPLICATIONS

（第4章　分割出願）………………………………………… Art.17 to Art. 21

CHAPTER V　CERIFICATE OF ADDITION OF INVENTION

（第5章　追加発明証）……………………………………… Art.22 to Art. 28

CHAPTER VI　GENRAL PROVISONS

（第6章　一般規定）………………………………………… Art.29 to Art. 35

（規則（NI30）の英訳は、Mr. Gabriel Di Blasi（Di Blasi, Parente & Associates）による。）

261

FEDERAL PUBLIC SERVICE	
MINISTRY OF DEVELOPMENT, INDUSTRY AND FOREIGN TRADE	
NATIONAL INSTITUTE OF INDUSTRIAL PROPERTY	
PRESIDENCY	December 4, 2013
NORMATIVE INSTRUCTION	No.030/2013

Subject: Establishing general procedural norms for clarifying and complying with the provisions of Brazilian Industrial Property Law No. 9,279 of May 14, 1996, concerning formal requirements for patent applications.

INPI PRESIDENT and PATENT DIRECTOR exercising the powers conferred upon them in Articles 17 and 24 of Brazilian Decree No. 7,356 of November 12, 2010, and

CONSIDERING the need to establish the best practices and procedures for the prosecution of patent applications at the INPI,

CONSIDERING the need to clarify and comply with the provisions of Brazilian Industrial Property Law No. 9,279 of May 14, 1996 (IPL below) concerning requirements for patent applications,

CONSIDERING that the public administration shall abide by the principle of efficiency in order to reduce bureaucracy and by the principle of publicity to guarantee legal certainty to the Brazilian Industrial Property System in Brazil.

RESOLVE:

Article 1 – Establishes general procedural norms for clarifying and complying with the provisions of Law No. 9,279 of May 14, 1996, concerning requirements for patent applications.

262

資料4　ブラジル産業財産法　規則（英訳）

CHAPTER I
REQUIREMENTS FOR INVENTION PATENT APPLI-CATIONS

Article 2 – The specification shall comply with the following requirements:

I. it shall begin with the title;

II. it shall relate to one invention only or to a group of inventions so linked as to form a single inventive concept;

III. it shall define the technical field to which it pertains;

IV. describe the state of the art which can be regarded as useful for comprehension, for the search and for the examination of the invention, citing whenever possible documents reflecting it and indicating existing technical problems;

V. it shall define the objects of the invention by clearly, concisely and precisely describing the solution proposed for the existing problem as well as advantages of the invention over the state of the art;

VI. it shall clearly show the novelty and demonstrate an achieved technical effect;

VII. it shall list figures presented in drawings, specifying their graphic representations (views, cuts, circuit schemes, block diagrams, flowcharts, graphs, etc.);

VIII. it shall consistently, precisely, clearly and sufficiently describe the invention so as to enable a person skilled in the art to perform it, making reference to reference numerals contained in the drawings, if any, and if applicable providing examples and/or comparative tables, relating them to the state of the art;

IX. it shall show, when the nature of the invention is such that encompasses more than one form of execution, the best of them, known by the applicant, on the date of deposit;

X. it shall clearly indicate industrial use when same it is not evident from the description of the invention;

263

XI. it shall be presented by following the order indicated in items above, unless in view of the object of the invention other manner or different order will allow for its better comprehension and more concise presentation;

Article 3 – Claims, as far as the amount, numbering and categories are concerned, shall comply with the following requirements:

I. amount of independent and dependent claims shall be sufficient to correctly define the object of the application;

II. claims shall be consecutively numbered in Arabic numerals;

III. claims may be in one or more categories (such as product and process; process and apparatus; product, process and apparatus, etc.) provided that they are connected by one same inventive concept, and they shall be arranged as practicable as possible.

Article 4 – As to their wording, claims shall comply with the following requirements:

I. claims shall preferably begin with the title or a portion of the title corresponding to their respective category;

II. claims must comprise one sole characterizing clause ("characterized in that");

III. each claim shall clearly, precisely and positively define the technical features to be protected by same;

IV. claims shall be totally supported by disclosure in the specification;

V. with regard to the features of the invention, claim shall not contain references to the specification or to the drawings such as that of the type "as described... of the specification" or "as well as represented by the drawings";

VI. when the application comprises drawings, the technical features defined in claims shall be accompanied in brackets by the respective reference numerals contained in the drawings if considered necessary for the comprehension thereof, wherein it should be understood that said numeral references are not limitative of the claims;

264

資料4　ブラジル産業財産法　規則（英訳）

VII. each claim shall be written as a single sentence, ending in a period;

VIII. explanatory texts concerning advantages or mere use of the object are not allowed.

Article 5 – Independent claims shall comply with the following requirements:

I. independent claims aim at protecting essential and specific technical features of the invention in its whole concept, wherein each category of claim shall correspond to at least one independent claim;

II. each independent claim shall correspond to a set of features essential for the carrying out of the invention, wherein more than one independent claim of the same category will only be accepted if such claims define different sets of alternative features essential for the carrying out of the invention, connected by the same inventive concept;

III. independent claims of different categories and connected by the same inventive concept, wherein one of the categories is specifically adapted to the other, shall be written so as show their interconnection by using in the beginning portion of the claim expressions such as, for example: "Apparatus for performing the process defined in claim. . .", "Process for preparing the product as defined in claim. . ."

IV. independent claims shall if necessary contain between their beginning portion and the characterizing clause a preamble describing all features essential for the carrying out of the claimed subject matter and which are already known from the state of the art;

V. after the characterized clause, there shall be defined all technical and particular features which in combination with the aspects contained in the preamble are intended to be protected;

VI. independent claims may serve as basis for one or more dependent claims, and shall be grouped by category.

Article 6 – Dependent claims shall comply with the following requirements:

I. dependent claims are those which, kept the unity of invention, include all fea-

265

tures of other former claim(s) and define details of such features and/or additional features which are not regarded as essential features of the invention and they shall contain an indication of dependency on said claim(s) and the characterizing clause;

II. dependent claims shall not exceed the limitations of features contained in the claim(s) to which they refer;

III. in dependent claims their dependency relationships shall be precisely and comprehensibly defined, wherein dependency relationships of the type "in accordance with one or more claims...", "in accordance with former/preceding claims...", "in

accordance with any of former/preceding claims", "in accordance with one of former/preceding claims" or the like are not accepted. Dependency relationship of the type "in accordance with any one of former/preceding claims" is accepted.

IV. any dependent claim referring to more than one claim (multiple dependent claim) shall report to these claims in alternative or additive form, wherein either an alternative form or additive form is accepted for all multiple dependent claims provided that the dependency relationships of the claims are arranged such that they will allow for the prompt understanding of possible combinations resulting from these dependency relationships;

V. multiple dependent claims, either in alternative form or additive form ,may serve as basis for any other dependent multiple claim provided that the dependency relationships are arranged such that they will allow for the prompt understanding of possible combinations resulting from these dependency relationships;

VI. all dependent claims referring to one or more preceding claims shall be arranged so as to render the set of claims concise.

Article 7 – As to its contents, the abstract shall comply with the following requirements:

資料4　ブラジル産業財産法　規則（英訳）

I. it shall begin with the title and be a summary of what is disclosed in the specification, claims and drawings;

II. it shall indicate the technical field to which the invention pertains;

III. the abstract shall be worded so as to allow the clear understanding of the technical problem, the gist of the solution of that problem through the invention and the main use or main uses of the invention;

IV. the abstract shall be drafted in such a manner as to constitute an efficient instrument for the purpose of searching in the particular technical field, more specifically helping users to prepare an opinion as to whether the document shall be entirely consulted.

Article 8 – Drawings, flowcharts, diagrams, and graphic schemes shall:

I. not contain texts, initials or hallmarks but they may contain indicative terms (such as "water", "steam", "open", "closed" or "section on AA, etc".), and keywords

II. comprise reference numerals, such as numerals, letters or alphanumeric characters, contained in the specification, taking into account that the same reference numerals shall be used to identify the same features in all drawings whenever they appear;

III. presentation of reproduction of photographs, such as metallographic structures, or tridimensional images created by electronic softwares will be accepted provided that such reproductions are clear and permit a better comprehension of the invention.

CHAPTER II
REQUIREMENTS FOR THE PATENT APPLICATION OF UTILITY MODEL

Article 9 – The specification shall comply with the following requirements:

I. it shall begin with the title;

II. it shall refer to only one main model which may include a plurality of additional distinct elements or constructional or configurative variants with the provision that the techno functional and body unity of the object is kept;

III. it shall indicate the technical field to which the object pertains;

IV. it shall describe the state of the art which is regarded as useful for comprehension, search and examination of the model, citing whenever possible documents reflecting it and highlighting the existing technical problems;

V. it shall clearly, concisely and precisely describe the solution proposed for the existing problem as well as the advantages of the model over the state of the art;

VI. it shall clearly show the novelty and demonstrate the obtained functional improvement;

VII. it shall list the figures of the drawings, specifying their graphic representations (views, cuts, perspectives, electric circuit schemes, etc.);

VIII. it shall consistently, precisely, clearly and sufficiently describe the model, relating to its possible variants, and it shall make references to the reference numerals of the drawings so as to define the claimed object and not a mere principle according to

which same may adopt several forms, wherein texts of the type "preferred embodiment", "by way of example", etc. are not accepted;

IX. it shall describe, in the case where the functional improvement resulting from alteration or introduction of an electric circuit specifically associated with the object, in addition to the schematic diagram associated with said circuit, all connections and link elements responsible for alteration and arrangements which result in a better use of the model object of the application;

X. it shall be presented so as to follow the order indicated in items above unless due to the object of the model another way or different order permits a better comprehension and a more concise presentation.

Article 10 – Each application shall comprise a single independent claim describing the model, fully defining all features of shape or of the introduced dis-

268

資料4　ブラジル産業財産法　規則（英訳）

position, which are essential to achieve a functional improvement.

Article 11 – Dependent claims will only be accepted when:

I. they refer to a complementary element of optional use which does not alter or modify the use conditions and functioning of the object;

II. they refer to a variation in the form or to details related to component elements of the model, defined in the first claim, and which do not alter the model unity (techno functional and body unity of the object) and functioning thereof;

III. they refer to the object in its tridimensional form in cases where the final configuration is secondary and results from the mounting of an initial planned structure defined in the first claim.

Article 12 – Claims shall be consecutively renumbered in Arabic numerals.

Article 13 – Claims as to their drafting shall comply with the following requirements:

I. claims shall preferably begin with the title of the application;

II. claims must contain only one characterizing clause;

III. each claim shall clearly, precisely, and positively define the technical features to be protected;

IV. dependent claims shall not exceed the limitations of features comprised in the claim(s) to which they refer;

V. when necessary an independent claim shall contain between the title and the characterizing clause a preamble describing the features already known from the state of the art, which are essential for the construction and definition of the model;

VI. an independent claim shall define after the characterizing clause only the new form or introduced disposition, comprising all elements constituting it as well their positions and interconnections relative to the assembly;

VII. features of the model defined in the claims shall be accompanied in brackets by reference numerals contained in the drawings;

VIII. each claim shall be written as a single sentence, ending in a period;

269

IX. claims shall be totally supported by disclosure in the specification and drawings;

X. dependent claims shall begin with the title of the application followed by the expression "in accordance with claim. . ." and comprise the characterizing clause;

XI. except when absolutely necessary claims shall not contain, as far as the features of the model are concerned, references to the specification or drawings, such as "as described. . . of the specification" or "as depicted in the drawing. . .", etc.;

XII. claims of use and explanatory texts relative to advantages and use of the object will not be accepted.

Article 14 – Where applicable all requirements disclosed in Article 7 for invention patent applications apply to the abstract.

Article 15 – Where applicable all requirements disclosed in Article 8 for invention patent applications apply to the drawings.

CHAPTER III
GENERAL REQUIREMENTS CONCERNING PATENT APPLICATIONS

Article 16 – Patent applications, regarding terminology and symbols, shall comply with the following requirements:

I. the title shall be concise, clear and precise, identifying the object of the application without irrelevant or unnecessary expressions or words (such as, "novel", "better", "original" and the like), or any trade names, and it should be the same for the request form, specification and abstract;

II. units of weight and measurements shall be given in the international system of units (SI), its multiples and submultiples, excepting for some units established in specific technical fields, such as, for example, BTU, mesh, barrel, inches;

270

資料4　ブラジル産業財産法　規則（英訳）

III. with regard to geometric, mechanic, electric, magnetic, thermal, optical and radioactivity indications, the provisions of the present General Table of Units of Measurements established by the competent national authority shall be fulfilled;

IV. chemical formulas and/or mathematic equations as well as symbols, atomic weights, nomenclature and specific units, not provided for in the General Table of Units of Measurements, shall be in accordance with the practice established in the field;

V. terminology and symbols shall be the same all over the specification.

CHAPTER IV
DIVISIONAL APPLICATIONS

Article 17 – A patent application may be divided into one or more applications up to the end of examination, under the following conditions:

I. upon the Applicant's request even in the case where the application presents a group of inventions connected by the same inventive concept;

II. in compliance with a technical report when the technical examination determines that the application contains a group of inventions comprising more than one inventive concept, or more than a utility model.

Article 18 – An application containing only one invention or one utility model cannot be divided if the division distorts the invention or leads to double-patenting of the invention or model.

Article 19 – Specification, drawings and abstract of the parent application, where applicable, shall be correspondingly amended to exclude inconsistent matter or matter that is not clearly associated with the claimed invention;

Article 20 – If claims of a divisional application derive from the division of the set of claims of the parent application, the claims of the parent application shall be correspondingly amended to exclude matter claimed by the divisional application.

271

Article 21 – For the purposes of Article 26 of IPL, "parent application" is meant the first filed application and it can only be subjected to division up to the end of examination in the first instance. Divisions of previous divisional applications are not allowed. The parent application and its divisional shall be simultaneously decided.

CHAPTER V
CERIFICATE OF ADDITION OF INVENTION

Article 22 – An improvement or development introduced into an invention claimed in an application or patent may obtain Certificate of Addition of Invention provided that it presents the same inventive concept thereof.

Article 23 – Whenever possible, claims of a Certificate of Addition of Invention shall be worded so as to be interrelated to the corresponding claims of the patent application or main patent.

Article 24 – The decision on Certificate of Addition of Invention will be rendered depending on the decision issued on the main application.

Article 25 – Grant of a Certificate of Addition of Invention will depend on the grant of the main application, wherein both decisions may be issued simultaneously.

Article 26 – Within the term to lodge appeals against the rejection of the request for Certificate of Addition of Invention because it did not present the same inventive concept, the Applicant may file a request to transform it into an invention patent or utility model application.

Article 27 – After the application for Certificate of Addition of Invention is transformed into patent application, the patent application filing date will be that of the Certificate of Addition of Invention, and same will be correspondingly renumbered.

Article 28 – The provisions for issuance of patent will apply to the issuance of the certificate of addition.

272

資料4 ブラジル産業財産法 規則 (英訳)

CHAPTER VI
GENERAL PROVISIONS

Article 29 – During the technical examination of the patent application, there may be issued office actions for submission in a 60 (sixty) day term, under penalty of the application being shelved, a non certified translation of the specification and, if applicable, of the claims contained in the qualified document of the country of origin.

SOLE PARAGRAPH – The translation referred to in Article 29 above may be replaced by an Applicant's declaration stating that the documents contained in the application are truly disclosed in the qualified document of the country of origin.

Article 30 – Documents submitted by third parties, for information purposes, will be regarded as references uncovered in the search performed by the Examiner and as such, if relevant, they will be attached to the technical report, for the Applicant's acknowledgement and response.

Article 31 – Whenever the technical report determines that the application is not within the claimed nature, if the Applicant intends to change it, he shall directly point out to that effect in a proper response;

SOLE PARAGRAPH – After acceptance of the application in the new nature, the Applicant shall, in the case where there is a difference in favor of the INPI of the fees required for the adapted nature, effect payment of the debt; in the reverse situation no refund will be due since examination was carried out in the initially required nature.

Article 32 – For the purposes of Articles 26 and 31 of IPL, it is considered as the end of examination in the first instance the date at which the Examiner's conclusive report concerning patentability is issued, or the thirtieth day prior to the publication of allowance, rejection or definitive shelving decision, whichever occurs last.

Article 33 – There shall not be considered as state of the art the disclosure that occurs during the twelve (12) months preceding the filing date or priority date of the patent application, when made in accordance with Article 12 (I, II, III) of IPL (grace period).

SOLE PARAGRAPH – At the time the application is filed, for the purposes of Article 12 of IPL, the Applicant may indicate form, local and date of the disclosure made by him.

Article 34 – This Normative Instruction revokes Normative Instruction No. 17/2013.

Article 35 – This Normative Instruction comes into effect at the date of its publication in the Electronic Official Bulletin.

JÚLIO CÉSAR CASTELO BRANCO REIS MOREIRA
PATENT DIRECTOR

JORGE DE PAULA COSTA ÁVILA
PRESIDENT

資料4〔B〕

ブラジル産業財産法　特許規則（英訳）
INPI Normative Instruction No. 031/2013（略称：規則（NI31））

CHAPTER I　SUBMISSION OF PATENT APPLICATION
（第1章　特許出願の提出）……………………………………… Art.2 to Art.7

CHAPTER II　OWNERSHIP
（第2章　所有権）………………………………………………… Art.8

CHAPTER III　GRACE PERIOD
（第3章　グレース・ピリオド）………………………………… Art.9

CHAPTER IV　PRIORITY
（第4章　優先権）………………………………………… Art.10 to Art.14

CHAPTER V　REQUIREMENTS FOR PATENT APPLICATIONS
（第5章　特許出願の要件）……………………………… Art.15 to Art. 22

CHAPTER VI　CERTIFICATE OF ADDITION OF INVENTION
（第6章　追加発明証）…………………………………… Art.23 to Art. 24

CHAPTER VII　DIVISIONAL APPLICATIONS
（第7章　分割出願）……………………………………… Art.25 to Art. 28

CHAPTER VIII　GENERAL REQUIRFEMENTS CONCERING PATENT
　　　　　　　　APPLICATIONS
（第8章　特許出願に関する一般的要件）……………… Art.29 to Art. 41

CHAPTER IX　GENERAL PROVISIONS
（第9章　一般規定）……………………………………… Art. 42 to Art. 46

（規則（NI31）の英訳は、Mr. Gabriel Di Blasi（Di Blasi, Parente & Associates）による。）

FEDERAL PUBLIC SERVICE	
MINISTRY OF DEVELOPMENT, INDUSTRY AND FOREIGN TRADE	
NATIONAL INSTITUTE OF INDUSTRIAL PROPERTY	

PRESIDENCY	December 4, 2013
NORMATIVE INSTRUCTION	No.031/2013

Subject: Establishing general procedural norms for clarifying and complying with the provisions of Brazilian Industrial Property Law No. 9,279 of May 14, 1996, concerning formal requirements for patent applications.

INPI PRESIDENT and PATENT DIRECTOR exercising the powers conferred upon them in Articles 17 and 24 of Brazilian Decree No. 7,356 of November 12, 2010, and

CONSIDERING the need to establish general procedural norms for clarifying and complying with the provisions of Brazilian Industrial Property Law No. 9,279 of May 14, 1996 (IPL below), concerning formal specifications for patent applications.

RESOLVE:

Article 1 – Establishes general procedural norms for clarifying and complying with the provisions of Law No. 9,279 of May 14, 1996, concerning formal requirements for patent applications.

CHAPTER I
SUBMISSION OF PATENT APPLICATION

Article 2 – The patent application, which shall always be in Portuguese, shall contain:

I. a filing request in appropriate form for this act;

II. specification, in accordance with the provisions of the present Normative Instruction;

III. claims, in accordance with the provisions of the present Normative Instruction;

IV. drawings, in accordance with the provisions of the present Normative Instruction, if applicable;

V. abstract, in accordance with the provisions of the present Normative Instruction;

VI. proof of filing fee payment.

Article 3 – The application that fails to formally comply with the provisions of Article 2 (I to V) above, but contains data relative to the applicant and inventor, in addition to the specification or set of claims written in Portuguese, may be filed by means of a dated receipt, at the INPI, that will issue the requirements to be complied with within a 30 (thirty)-day term counted from its publication in the Official Bulletin, according to Article 226 of IPL.

SOLE PARAGRAPH – In case the application is in foreign language, there must be submitted within the term set forth in Article 3 above, a non-certified translation of all documents originally filed in foreign language. In case such translation corresponds to a patent application filed in accordance with Article 2 above, the Applicant may replace it by a corresponding declaration.

Article 4 – Patent applications can be delivered to the INPI front desk or by mail, with a return receipt document addressed to the INPI - Board of Directors (DIRPA/COSAP), bearing a indication of DVP Code.

SOLE PARAGRAPH – After filing is made by mail, in case additional copies for return to the Applicant are sent, the Applicant shall also send an additional addressed and stamped envelope such that the additional copies are mailed back, and the INPI will not be responsible for loss of documents mailed to the sender. In case such addressed and stamped envelope is not provided, the additional copies will be available to the Applicant at the INPI, in Rio de Janeiro (BR).

Article 5 – After the national patent application or invention addition certificate is submitted, a number is given to it, according to the norms in force. The application number will be informed by specific publication in the Office Bulletin and will be available for consultation on the site of INPI.

Article 6 – After compliance with requirements concerning formal issues, the filing will be regarded as complete on the date of receipt or mailing date, for applications filed by mail.

Article 7 – Failure to answer or comply with the submission of documents within the term set forth in Article 3 above, the national patent application or certificate of addition of invention will not be accepted, its number will be cancelled as per notice published in the Official Bulletin and the documents will be available for the interested part or his attorney.

§ 1 – If the applicant or his attorney does not withdraw the documents in a 180 (hundred eight)-day term counted from the publication date set forth in Article 7 above, they will be discarded by the INPI. after notice published in the Official Bulletin.

§ 2 – After a document is discarded, if necessary, the applicant or his attorney may request copies of digital files of the application in possession of INPI.

CHAPTER II
OWNERSHIP

Article 8 – A request for non-disclosure of inventor's name, in accordance with Article 6 § 4 of IPL, shall be indicated in the filing request form, wherein the specific field relative to inventor's date shall stay blank and an applicant's document designating and qualifying the inventor and an inventor's declaration requesting non-disclosure of his name shall be provided in a closed envelope as attachment.

資料4 ブラジル産業財産法 規則（英訳）

§1 – After being checked by the INPI, the documents and declaration referred to in Article 8 above will be kept in a sealed envelope.

§2 – After non-disclosure of inventor's name is requested, the INPI will omit such information in publications relative to the process in question, as well in copies of the process provided for third parties with the provision that such information is not disclosed in the filing request form.

CHAPTER III
GRACE PERIOD

Article 9 – There shall not be considered as state of the art the disclosure that occurs during the twelve (12) months preceding the filing date or priority date of the patent application, when made in accordance with Article 12 (I, II, III) of IPL (grace period)

SOLE PARAGRAPH – At the time the application is filed, for the purposes of Article 12 of IPL, the Applicant may indicate form, local and date of the disclosure made by him.

CHAPTER IV
PRIORITY

Article 10 – Priority claim will be evidenced by means of a suitable document of origin comprising specification and, if it applies, claims and drawings, accompanied by a non-certified translation of the filing certificate or equivalent document.

Article 11 – When the identifying data of applications contained in the filing certificate or equivalent document are in conformity with the filing petition request, a declaration in the respective filing form, or separately, can be provided by the Applicant up to the submission of a suitable document, with the same effects of a non-certified translation set forth in Article 16 §2 of IPL.

Article 12 – In case the priority claim made at time of filing is supplemented

279

by others, according to Article 16 §1 of IPL, the 180 (hundred eight)-day term counted from the application filing date (Article 16 of IPL), regarding the respective proof, will not be altered.

Article 13 – If the document that originated the priority pertains to an applicant other than the applicant that filed the application in Brazil, pursuant to assignment of rights, a copy of the corresponding assignment document must be submitted, signed on a date prior to the filing date of the application in Brazil, or an assignment declaration or equivalent document, wherein neither notarization nor legalization is required, accompanied by a non-certified translation or bilingual document.

§ 1 – Formalities required for the declaration of assignment of the priority right will be those established in the law of the country where it was signed.

§ 2 – The right to file patent applications and the right to priority are presumed assigned in the event that patent applications whose applicant is employer or a inventor's contractor, provided that the document evidencing said relationship and assignment of future inventions, or equivalent document, is submitted.

Article 14 – A patent application originally filed in Brazil, with no claim to priority and unpublished, shall be assured the right of priority (internal priority) to a subsequent application on the same subject matter filed in Brazil by the same applicant or successors within a 1 (one) year term.

§ 1 – Claim to priority shall be made at the time of filing by indicating number and former application date.

§ 1 – The former still-pending application will be deemed definitively shelved and published.

CHAPTER V
REQUIREMENTS FOR PATENT APPLICATIONS

Article 15 – The initial request shall be made in a proper form for this act.

資料 4　ブラジル産業財産法　規則（英訳）

Article 16 – The specification shall comply with the following requirements:

I. it shall begin with the title, highlighted in relation to the rest of the remaining text;

II. It shall define the technical field to which the invention pertains;

III. it shall list figures presented in the drawings, specifying their graphic representations (views, cuts, circuit schemes, block diagrams, flowcharts, graphs, etc.);

Article 17 – Claims shall comply with the following requirements:

I. claims shall be sequentially numbered in Arabic numerals;

II. claims shall preferably begin with the title or a portion of the title corresponding to their respective category;

III. claims must comprise one sole characterizing clause ("characterized in that");

IV. each claim should be written without interruption points;

Article 18 – Drawings, flowcharts, diagrams, graphic schemes shall:

I. be executed in indelible, well-defined lines so as to permit their reproduction;

II. have their indicative terms, if any, arranged such that no line of figures is covered;

III. be executed in a clear form and in a such a scale to allow reduction with definition of details, and may contain in only one page several figures, each being separated from one another, sequentially numbered and preferably grouped following the order appearing in the specification;

IV. contain all reference numerals cited in the specification, wherein the same reference numerals shall be used to identify the same technical features in all drawings, wherever they appear; and

V. all reference numerals (such as numbers, letters or alphanumeric characters) and guidelines appearing in the drawings shall be simple and clear.

Article 19 – Submission of drawings is obligatory for any utility model application.

281

Article 20 – Presentation of reproduction of photographs, such as metallographic structures, or tridimensional images generated by electronic software will be accepted, provided that the reproductions are clear and allow for a better comprehension of the invention.

Article 21 – Drawings shall be disposed on the page with the following margins: top 2.5 cm, preferably 4 cm; left side 2.5 cm, preferably 3 cm; right side 1.5 cm; bottom 1 cm.

Article 22 – Abstract, as to the form, shall comply with the following requirements:

I. it shall begin with the title, highlighted in relation to the remaining text;

II. it shall indicate the technical field to which the invention pertains;

III. the abstract shall be concise as the disclosure permits (preferably between 50 and 10 words), not exceeding 25 lines of text.

CHAPTER VI
CERTIFICATE OF ADDITION OF INVENTION

Article 23 – The filing of a Certificate of Addition of Invention shall contain:

I. a request made in a form proper for this act, accompanied by the respective proof of fee payment;

II. documents constituting a Certificate of Addition of Invention shall be in accordance with norms set forth in this Normative Instruction, wherein in the specification, after the title, there should be mentioned that it refers to a Certificate of Addition, mentioning number and filing date of the parent application, as follows: "Certification of Addition of Invention of _____, filed on _____ ";

Article 24 – Notice of the filing of a Certificate of Addition of Invention will be automatically published in the Official Bulletin wherein such notice shall contain number of the parent application and an indication that it is a Certification of Addition of Invention.

資料4　ブラジル産業財産法　規則（英訳）

CHAPTER VII
DIVISIONAL APPLICATIONS

Article 25 – The filing of a divisional application shall contain:

I. request made in a form proper for this act, accompanied by the respective proof of fee payment;

II. documents constituting a divisional application shall be in accordance with norms set forth in this Normative Instruction, wherein in the specification, after the title, there should be mentioned that it refers to a divisional application, mentioning the nature, number and filing date of the parent application, as follows: "Divisional of _____, filed on _____";

Article 26 – Fee payments required for divisional application shall be effected in accordance with the procedural phase of the parent application (annuities, examination request, etc.), the value being shown in a table of fees in force at the time.

Article 27 – Notice of the filing of a divisional application will be automatically published in the Official Bulletin, wherein such notice shall contain number of the parent application and an indication that it is a divisional application.

Article 28 – A divisional application shall be considered as being in the same procedural phase as that of the parent application, and the INPI shall provide a list of documents and petitions which are attached to the file of the parent application.

CHAPTER VIII
GENERAL REQUIREMENTS CONCERNING PATENT APPLICATIONS

Article 29 – The title shall be concise, clearly and precise, identifying the object of the application, without irrelevant or unnecessary expressions or words (e.g. "new", "better", "original", and the like) or any trade names, and the filing petition, specification and abstract shall bear the same title.

283

Article 30 – Specification, claims, drawings (if any) and abstract shall be submitted in 1 (one) copy to be used by the INPI, wherein one more copy, at most, may be presented for return to the applicant.

Article 31 – Specification, claims and abstract shall be submitted within the following format: characters of at least 2.1 mm high (body 12) and a 1 1/2 spacing, justified or aligned at left, containing 25 and 30 lines per page, in indelible black ink, and whenever necessary chemical formulas and/or mathematical equations are allowed to be handwritten or drawn.

Article 32 – Specification, claims, drawings (if any) and abstract must be free of erasures or alterations, hallmarks, logos, placards, signatures or initials, signs or indications of any nature strange to the application, and they should be submitted in flexible, resistant, white, smooth, not shiny, not transparent A4 format (210 mm × 297 mm) paper, using only one face, and it should not be wrinkled, thorn or folded.

Article 33 – All basic documents of an application, that is, specification, claims, drawings (if any) and abstract shall be submitted so as to enable their reproduction.

Article 34 – Specification, claims and abstract shall not contain any graphic representation, such as drawings, photographs or graphs.

Article 35 – Specification, drawings and abstract may contain tablets, but same cannot be included in the claims.

Article 36 – Each of said basic documents which integrate the application shall begin in a new, independently numbered page.

Article 37 – Chemical formulas and/or mathematic formulas, as well as tables, when included in the text, shall be identified.

Article 38 – Drawings shall preferably fulfill the standards for technical drawings established in Brazilian Norms.

Article 39 – Pages of the specification, claims and drawings shall be:

I. sequentially numbered, in Arabic numerals, indicating the number of the page and total number of pages (of any of these parts), such as, for example, 1/3, 1 out of 3, 1-3, etc.;

II. exceptionally in the case where an amendment in the specification is required and such amendment implies in a substantial rearrangement of the remaining pages constituting it, there can be accepted replacement pages having hybrid numbering, that is, numbering formed by Arabic numerals and letters and duly linked to the preceding and subsequent pages, with a clear indication of such sequence on all pages having a hybrid numbering and on the immediately preceding page, by means of a footnote on said pages, as follows: (on page 4) — "page 4b follows", (on page 4b) — "page 5 follows."

Article 40 – Each paragraph of the specification shall begin with a sequential numbering in Arabic numerals, located on the left side of said text, such as, for example, [003], 015, etc.

Article 41 – Sequence listing should be submitted to the INPI in accordance with Resolutions in force.

CHAPTER IX
GENERAL PROVISIONS

Article 42 – The Power of Attorney in the form and under the provisions of Article 216 of IPL, when the interested party cannot personally file the requests, can be

submitted in a 60 (sixty)-day term counted from the date of the first act of the parties in the official file, independently of notice or official action.

§ 1 – In the event that a person is domiciled abroad and his acts are not done by an attorney according to Article 216 of IPL, a power of attorney shall be submitted under the terms of Article 217 of IPL even though said act has been personally done.

§ 2 – Power of Attorney provided in Article 217 of IPL, if not filed at the filing date, can be requested by the INPI at any time, even after extinction of a patent, wherein same shall be submitted in 60 (sixty)-day term.

§3 – If the power of attorney is not submitted in the 60 (sixty)-day term counted from the filing date, the application will be deemed definitively shelved and published.

Article 43 – The non-certified translations mentioned in this Normative Instruction shall contain a fidelity guarantee given by the interested party, applicant or ownership.

Article 44 – Forms related to this Normative Instruction shall be printed in white paper with black characters, and they may be filled in with black or blue ink.

Article 45 – The provisions of this Normative Instruction applies, as appropriate, to electronically filed applications.

Article 46 – This Normative Instruction comes into effect at the date of its publication in the Electronic Official Bulletin.

JÚLIO CÉSAR CASTELO BRANCO REIS MOREIRA
PATENT DIRECTOR

JORGE DE PAULA COSTA ÁVILA
PRESIDENT

条文索引

第10条	86，91
第16条	31
第18条（Ⅲ）	85
第26条	118
第30条	52
第31条	55
第32条	109
第33条	60
第36条	65
第37条	65
第38条	65
第40条	164
第42条	164
第44条	56
第50条	186
第51条	186
第56条	189
第57条	189
第61条	173
第183条	198
第207条	199
第221条	156

事項索引

アルファベット

ANVISA	vi，91
CGEN	95
Definitive Shelving	vii
INIDコード	xi，53
INPI	vi
INPI産業財産ジャーナル	vi
IPジャーナル	vi，viii
Normative Instruction	iv
PCT国際段階の手続	134
PCT第19条補正	136，219
PCT第34条補正	137
PCTルート	133，214
RPI	viii
RPIコード	viii，x
Shelving	vii
TRIPS協定	9
WTO-TRIPS協定による優先権 主張	37
WTO優先権	31

あ行

意見書	64, 211
遺伝財産管理委員会	95
遺伝子組換え微生物	85
委任状	23
医薬発明	83
医薬用途	83

か行

外国語による特許出願	206
管轄国際調査機関	135
管轄国際予備審査機関	137
願書	21
記載要件	68
技術審査	62, 208, 221
技術水準	73
寄託	52
行政上の無効手続	183
行政上の無効手続（無効審判）	184
強制ライセンス	176
許可されない補正	112
拒絶決定	155
拒絶審決	119, 125, 127, 212
拒絶理由	66
拒絶理由通知	63, 110, 211
拒絶理由通知に対する応答	64
組合せ医薬	91

グレース・ピリオド	99
刑事上の救済	197
結晶多形	89
見解書	62, 210
原出願及び分割出願における第32条（補正の制限）の適用	122
現地代理人の選任と委任状	140
誤記又は誤訳の訂正	110
国際公開	219
国際出願から国内段階以降までの手続	133
国際出願日認定の方式上の要件	135
国際段階移行	220
国際調査	135, 219
国際調査機関の見解書	135
国際調査報告	135
国際予備審査請求	137, 219
国内優先権主張	38
国内優先権制度	16
国家衛生監督庁	vi, 90
コンピュータ・プログラム	84
コンピュータ関連発明	83

さ行

最終的棚上げ	vii
産業財産関連条約及び協定	6
産業財産ジャーナル	viii
産業上の利用可能性	80

事前承認	92	スイスタイプ	90
実施許諾用意	173	ストラスブール協定	8
実体審査	62	図面	21，47
実体要件	67	請求の範囲	21，45，109
実用新案特許	73	生物関連発明	83
実用新案特許出願	13	生物多様性条約	95
指定官庁	138	世界知的所有権機関（WIPO）	
司法上の無効手続	183	設立条約	7
司法上の無効手続（無効訴訟）	187	世界貿易機関（WTO）	37
出願公開	206	世界貿易機関設立協定	9
出願公開制度	16	先願主義	15
出願公開前の実施	56	先後願	80
出願日認定の要件	15，206	ソースコード	84
譲渡証	24	ソフトウェア	84
情報提供	55，151，206，220		
侵害の救済措置	195	**た行**	
新規性	73，76		
新規性喪失の例外	15，99，101	第一医薬用途発明	89
審決	157	第二医薬用途発明	89
審査請求	59，115，207，220	棚上げ	vii
審査請求後にできる補正	110	単一性の要件	48
審査請求制度	16	調査報告	62，210
審査請求までにできる補正	109	著作権法	24
審査における発明の新規性喪失の		追加発明証制度	17
例外	104	特別取極	8
審判	155	特許協力条約（PCT）	8
審判請求	212	特許決定	212
進歩性	78	特許権	163
審理	212	特許権侵害	194

特許権の効力	165	発明特許	73
特許権の効力の制限	166	発明特許出願	13
特許権の譲渡及び登録	167	発明又は実用新案とみなされな	
特許権の侵害	193	いもの	13
特許権の存続期間	164	パリ条約	7
特許権を侵害する行為	194	パリ条約による優先権主張	33
特許出願	21	パリ優先権	31
特許出願の言語	15, 23	パリルート	133, 206
特許出願を承認する旨の決定	65	非公式コメント	136, 219
特許証	163	非公式翻訳文	vii
特許証発行	213	非侵害の抗弁	197
特許審決	212	微生物	87
特許製品の並行輸入	198	ブダペスト条約	9, 88
特許の付与	163	物質特許	89
特許の無効手続制度	17	ブラジル産業財産庁	vi
特許を受けることができない発		ブラジル産業財産法	iv, 3
明及び実用新案	14	ブラジル特許規則	iv, 5
特許を受けることができる発明		ブラジルにおけるPCT国際出願	
及び実用新案	13	の動向	133
		ブラジルの国内段階への移行	137

な行

		ブラジルの国内段階への移行後	
		手続	147
任意ライセンス	171	ブラジルの国内段階への移行手続	
年次手数料	152		138, 144
		分割出願	115, 117

は行

		分割出願する際に留意すること	119
		分割出願できる時期	118
ハードウェア	84	分割出願により取得した特許の	
配列表	88	存続期間	117

290

分割出願の効果	117	無効手続の方法	183
分割出願の補正	121	明細書	21, 43
分割出願の要件	117		
放棄	vii	**や行**	
方式審査	206, 218		
補償請求権	55	優先権	31
補正	107, 109, 207, 220	優先権書類の翻訳文	140
補正書	64, 211	優先審査	61
ポルトガル語	52	要約	21, 47
		予備審査	206
ま行			
		ら行	
みなし技術水準	76		
民事上の救済	196	利害関係人	55

参考文献

・吉田直裕：『ブラジルにおける医薬分野の特許審査について～INPIと
　ANVISAの対立と審査の相違点～』特技懇No. 279（2015年11月　特許
　庁技術懇話会）
・JETRO「模倣対策マニュアル・ブラジル編」（2011年）
・「ブラジル・メキシコ・コロンビア・インド・ロシアの産業財産権制度
　及びその運用実態に関する調査研究報告書」一般社団法人 日本国際知
　的財産保護協会（平成27年３月）
・JETRO「ブラジルにおける工業製品の模倣・海賊版及び脱税に関わる議
　会調査報告書」（ブラジル議会海賊版問題調査委員会）（2005年３月）
・特許庁HP新興国情報ブラジル関連記事

著者略歴
（青和特許法律事務所 ブラジル特許制度研究会）

委員長　　　**下道　晶久**（SHIMOMICHI Teruhisa）

　　　　　　　弁理士

　　　　　　　東京農工大学工学部電気工学科卒

　　　　　　　特許庁審査官・審判官、世界知的所有権機関（WIPO）

　　　　　　　PCT管理部勤務を経て、青和特許法律事務所勤務

副委員長　　**平田　　学**（HIRATA Manabu）

　　　　　　　弁理士

　　　　　　　一橋大学法学部卒

　　　　　　　青和特許法律事務所勤務

副委員長　　**廣瀬　繁樹**（HIROSE Shigeki）

　　　　　　　弁理士

　　　　　　　東京工業大学大学院理工学研究科（化学工学専攻）修了

　　　　　　　日本メクトロン株式会社勤務を経て、青和特許法律事務所

　　　　　　　勤務　パートナー

委　員　　　**中村　和美**（NAKAMURA Kazumi）

　　　　　　　弁理士

　　　　　　　東京工業大学大学院理工学研究科（化学専攻）修了

　　　　　　　持田製薬株式会社勤務を経て、青和特許法律事務所勤務

　　　　　　　特定侵害訴訟代理業務付記登録

委　員　　　**田原　正宏**（TAHARA Masahiro）

　　　　　　　弁理士

　　　　　　　横浜国立大学工学部生産工学科卒

　　　　　　　ハリソン東芝ライティング株式会社（現・東芝ライテック

　　　　　　　株式会社）知的財産部勤務を経て青和特許法律事務所勤務

委　員　　　河野上正晴（KONOUE Masaharu）
　　　　　　　弁理士
　　　　　　　東京工業大学大学院総合理工学研究科（材料科学専攻）修了
　　　　　　　株式会社村田製作所勤務を経て
　　　　　　　青和特許法律事務所勤務

（2016年3月）

出願人のためのブラジル特許制度

平成28年5月27日　初版発行

編　者	青和特許法律事務所ブラジル特許制度研究会
©2016	
発　行	一般社団法人　発明推進協会

発行所	一般社団法人　発明推進協会
	所在地　〒105-0001
	東京都港区虎ノ門2-9-14
	電　話　03(3502)5433(編集)
	03(3502)5491(販売)
	ＦＡＸ　03(5512)7567(販売)

乱丁・落丁本はお取替えいたします。　　　　　　　印刷：勝美印刷株式会社
ISBN978-4-8271-1270-2　C3032　　　　　　　　Printed in japan
本書の全部または一部の無断複写複製を禁じます（著作権法上の例外を除く）。

発明推進協会ホームページ：http://www.jiii.or.jp/